25
最猛職人

25
最猛職人

靈視拜拜・我從求神背後找到自我實現的力量

宇色（Osel）／著

最猛職人.25 **靈視拜拜・我從求神背後找到自我實現的力量**

作　　者　宇色（李振瑋）
美術編輯　李緹瀅
封面設計　林淑慧
特約編輯　謝孟希
主　　編　高煜婷
總 編 輯　林許文二

出　　版　柿子文化事業有限公司
地　　址　11677臺北市羅斯福路五段158號2樓
業務專線　（02）89314903#15
讀者專線　（02）89314903#9
傳　　真　（02）29319207
郵撥帳號　19822651柿子文化事業有限公司
投稿信箱　editor@persimmonbooks.com.tw
服務信箱　service@persimmonbooks.com.tw

初版一刷　2015年08月
二版一刷　2022年08月
定　　價　新臺幣380元
I S B N　978-986-5496-84-5

業務行政　鄭淑娟、陳顯中

國家圖書館出版品預行編目(CIP)資料

靈視拜拜・我從求神背後找到自我實現的力量／宇色（李振瑋）著. -- 二版. -- 臺北市：柿子文化, 2022.08
面；　公分. -- (最猛職人；25)
ISBN 978-986-5496-84-5(平裝)
1.CST:祠祀 2.CST:祭禮 3.CST:民間信仰

272.92　　111006555

【好評推薦】

神是冥冥中的內在自我

文／廖俊裕（南華大學生死學系系主任）

近年來，宗教與命理在臺灣社會中非常流行。佛教、道教法會、耶教佈道大會、媽祖遶境人數都非常眾多，第四臺命理節目也頗發達，這表示臺灣社會在物質經濟到達一定的程度後，開始關注生命的終極層次：人為什麼要活在這個世上？人的生命意義是什麼？人來這個世界的任務是什麼？死亡的意義為何？人死後會到哪裡？

這其實是個可喜的現象，只是宗教和命理先天的超理性部分（不是反理性）容易讓人喪失生命的主體性，日月明功犧牲了一個高中生、藝人江淑娜爭議新聞等事件，都是因為這裡的分際弄不清楚所導致。

宇色是個通靈的修行者，又接受了現代學術的專業訓練，幾年前他在南華大學「生死學研究所心理諮商組」（訓練考心理師證照）就讀期間，又鑽研各大宗教、新時代（new age）思潮與超個人心理學的奧義，對於宗教性（宗教之所以為宗教的核心）有十分深刻的體驗，能夠擺脫宗教的表象（宗教相），而直接深入宗教的本質，頗為難得。這表現在他的新書《靈視拜拜‧我從求神背後找到自我實現的力量》——神與人之間的分際非常清晰，而不會產生日月明功事件之類的後遺症。

比方說，他深知新時代思潮，如「祕密」、「心想事成法則」、「吸引力法則」，所以強調「不要在拜拜時一味地抱怨沒錢」P077，愈抱怨沒錢的人愈難有錢，認為自己有錢而知足的人愈容易有錢，這已超越拜拜常見的三個目的——「祈福、報功、崇德」中的一味祈求，而開始反觀自己。這是很難得的洞見，也確實唯有如此，人才能脫離貧窮而改變命運。

又例如，他深諳道教、靈修、密宗中所強調的練氣脈明點的重要，而非一味的求神問卜，所以他也說到：「當你本身的能量不足，就算跑遍全省的財神爺廟依然很難有錢。這裡所指的能量，指的是本身的修持、助人之心、福報、善念、積極的心和健康的身體。」P083

不清楚道教或密宗財神法口訣心要，是很難看到這點的，這也是道教、密宗、靈修派在修心之餘，要鍛鍊氣脈明點的緣故。在正心的原則下，氣強、能量強，才容易心想事成，容易與法界相應而達成目的。

在這樣的原則下，我們才能了解他所說的，拜拜最初拜的是神，但最終卻發現神就是人內在的神性、絕對性、永恆性的部分，神就是冥冥中內在的自我。

如此，我們可以改變命運、掌握乾坤。

願讀者能從本書得益，而成為生命的主人，感受生命的自由自在與幸福。

Chapter2

向神求財有用嗎？看你是否有和祂們相同的願力 57

Chapter3

地基主是神是鬼還是地縛靈？就當它是資深住戶 85

Chapter4

求神超度往生親人一定要懂的眉眉角角 119

Part2

拜拜背後未說完的祕密 173

【再版序】

信仰擦掉意識界線，生活由此展開無限可能

本書初版於二〇一五年，光陰似箭，距離現今已過七年。

當初撰寫完《我在人間的靈界事件簿》之後，覺得靈修故事已然告一段落。雖然靈修無終止的一日，但若從「作家」的角度思索「寫作」這一個議題，總是希望能有機會呈現不同樣貌的作品給讀者。冥想，是我擷取創作靈感的唯一途徑，誠如我在《請問輪迴・無極瑤池金母的28堂生死課》一書所言：

許多大企業家、藝術創作家、思想家、哲學家，到了人生頂峰後會開始靜坐冥想。學習靜坐冥想，看似與現實世界一點關連也沒有，但很多人都清楚地體會到，當從冥想的意識中離開回到有形世界時，在思想上會獲得某一種意想不到的靈感。

如前所述，在《我在人間的靈界事件簿》出版後，我便開始苦思下一本著作該以何種題材呈現，無奈思索多日仍未有著落。某日冥思時，一道訊息乍現：「臺灣身心靈世界充斥著西方的靈性語言，難道我們就沒有屬於本土的靈性思維嗎？」就這樣，「我在人間系列」便有了討論拜拜議題的兩本書。

臺灣是一個多靈的信仰國度，其靈性思維以各種方式隱身於宗教文化、廟宇建築、拜拜習俗、神明信仰等等背後，因它與我們的生活早已融為一體，自然會對它習以為常到視若無睹的地步。我這兩本討論拜拜的書，與其說是揭露拜拜與神靈之間的神祕連結，倒不如說是將多年寶貴的問事實錄、靈修故事與實修經驗，焠煉出其菁華奧義，讓讀者有機會窺探隱藏在臺灣信仰文化中「靈驗背後的神靈力量」。

儘管初版至今已過七年，其中也陸續出版不同題材的靈修著作，但當我為本書再版寫書而重拾書目大綱時，仍覺得本書當中關乎你我的民俗信仰、神靈奧祕、問事實錄，仍可對治你現今關於神明信仰、祭祀習俗、求神文化等相關議題上的種種疑難雜症。

自本書初版過後，我在靈修與生活方面都起了莫大的變化，對於靈界、輪迴、信仰有著更不一樣的體悟。最大的突破，是於二〇二二年正式在臺中成立了靈山派的靈修道場——靈元院。

「靈元院」三字看似簡單，我卻等它等了近二十年，靈山派一切的儀軌、陣法、辦事皆依循著神尊的教導，神尊如不願賜開宮之名，就算將頭叩破也無可奈何，二十年來向無極瑤池金母數次祈求宮名未果，直至二〇二一年祂終於賜名——「靈元院」：

靈，元靈本源；元，自性本始；院，謐靜空間。

「院」，是一個空間，不分宗教、人種、信仰，有心進來此「院」，皆是觀照心的人，即是靈修。我也期許有更多人體悟到靈修之美、臺灣拜拜之美。

「體悟到靈修之美、臺灣拜拜之美」是無極瑤池金母賜名之精神主軸，亦是我著作兩本拜拜書籍之終極意涵。

對於著作，我有兩項外人看似怪誕之事，一是出版後甚少再回頭全書閱讀，二是不去改訂舊作原文（但不限制出版社編輯做當下這合適本書的微調）——每一段話、每一個故事都是我靈修歲月的珍貴痕跡。本書有幸再版，我依然保持此初衷——因為每一本著作在我的生命當下皆是最精華的展現。

若想從無形界擷取力量改變生命，就不得不努力去了解神明與靈界之事，如此你才能在此充滿媒體訊息的世代，找到一絲絲的立足之地。拜拜一點都不迷信，只要你找到適合自己的方法，從中爬梳出一套有利於奠基生命價值的實修法，貫徹於生命當中，你的靈魂便能傳承臺灣百年的神靈信仰文化。

本書再版更名為「靈視拜拜，我從求神背後找到自我實現的力量」，希望它能為你帶來智慧之光，破除生命迷障與無明，願無極瑤池金母之圓滿之智，庇佑你平安吉祥。

宇色，靈元院創辦人

二〇二二年於臺中家中書房

【前言】

在出版了不同於《我在人間與靈界對話》、《我在人間的靈界事件簿》的《透視靈驗！我從拜拜背後發現改變命運的祕密》後，我收到許多讀者的迴響，並對此感到十分驚訝，畢竟市面早有很多教導如何求神問卜以得神助，進而獲得平安、富足、好人緣與金錢的好書了。《透視靈驗！我從拜拜背後發現改變命運的祕密》僅是我多年靈修及接觸過的案例當中，彙整一些值得思索的真實拜拜故事，希望這些真人真事能帶領讀者打開求神拜佛的另一扇窗，讓大家在面對不如意時先冷靜下來，**思索自己在這些不順遂中應負的責任，避免一頭熱地鑽進拜拜儀式中。**

「認清自己，才能肯定自我價值、克服恐懼，產生前進的行動力——只有自己往前走，才會感受到仙佛的助力。」盲目四處求神拜佛並無法得到神助、化解生活困境，反而可能換來一顆疲憊的心。南傳佛教的阿姜查尊者就曾這樣說：「假如你的心是愉悅的，你在任何地方都會是快樂的。當智慧在你的內心中覺醒時，不論你看哪裡，都會見到真理。」[1] 請把這樣的內觀心法運用到拜拜

[1]《何來阿姜查》，阿姜查著，法耘出版社。

裡，當我們了了分明人生的問題由心中何處升起，仙佛菩薩的力量自然因無畏的心而張顯，而求神拜佛也將不再只是把問題丟給神明以寄託祂們頒給我們問題豁免權而已。

將「拜拜」昇華至「修行」

出版《透視靈驗！我從拜拜背後發現改變命運的祕密》之後，我陸陸續續收到了全國各地讀者的來信——

- 您好，我從這本書學到：拜拜不只需要虔誠心，還得有懺悔心；不能一味地求神佛幫忙，自身也需懺悔所有作為，甚至是起心動念。
- 感謝您寫了這本書！《透視靈驗！我從拜拜背後發現改變命運的祕密》如醍醐灌頂、當頭棒喝，許多游移都靜下來了。
- 老師的書有別於一般工具書，無法用速讀方式挑重點看，常常看完一篇就會自然停下來，感受一下老師想表達的意思，觀察我的想法跟書中的論點是否有相同之處，對於不同的觀點，我又能體會多少……。

● 拜了這麼多年的神明及祖先，我都會依長輩的想法或家族傳統來準備拜拜事宜。尤其這幾年跑宮壇，必須遵照師姊的交代，在不同時間拜不同的神明，也需準備不同類別及不同數量的紙蓮花……，有時心中不免產生疑問：神明及祖先是否有收到？感到高興嗎？祈求之事會實現嗎？更好玩的是，去宮壇拜拜，師兄姊若接到神明降文或在靜坐時看到異象，都會跟「明牌」做連結。我不禁想問：這是真的嗎？準嗎？神明是如何知道的？對於業力一說，我更是摸不著邊，常常別人怎麼說就怎麼做，但心中仍充滿疑惑：是真的嗎？有用嗎？對於這些疑問，我愈來愈想知道答案，也想驗證自己的想法是否正確，就在此時，老師出了《透視靈驗！我從拜拜背後發現改變命運的祕密》，不只一解我多年的疑問，書中很多觀點都和我內心的想法很契合。

● 很認同書中的一句話：「全天下的問題，只有自己才是解決者。」過去我仰賴擲筊跟神明問事，卻常不見其成效，後來才發現，原來神明只是陪在我身邊的精神支柱，讓我們得以增長智慧、找到勇氣，進而面對自己的人生課題。

● 人身難得、佛法難聞、明師難遇……，能有這樣的體悟，除了感恩仙佛菩薩的護持，也要感謝老師的分享。人生之路很漫長，期許自己能日益進步，不退道心。

● 走宮廟十多年，書中的內容對我產生很大衝擊。我的憂鬱症同樣也快十年了，家庭、事業、人際關係都受到影響，前三年在石壁部堂，後七年在慈靈慈惠堂，因為經濟狀況，我倒沒有花錢做法會，只是看同修一個個情況有所改善，難免心生羨慕，與此同時，我的內心也有些疑惑：自己是養子，祖先就有兩個，祖先又有入贅的、雙姓的，該超度誰好呢？何時才能超度完？前陣子瑤池金母透過師姊指示：每個人的修行路不同，你的修行路是為你量身打造的，僅適合你，也不會跟別人一樣。聽到這番話，再和宇色的書相對照思辨，終於篤定自己修行的方向，感恩母娘，感恩宇色！

- 原來神明為了使人產生信仰，甚至會利用人的恐懼心——我終於稍微瞭解到拜拜的精髓了。
- 謝謝宇色出書勸化世人，看完真的感動萬分！每看完一個段落，我的心智在一覺睡醒後都進化了不少。我看過無數相關書籍，但在看了您的書之後進化最多，也許是因為書中提及的故事，我自己就經歷過百分之三十。我從您的書中學習到很好的觀念與想法，期待您可以再創作書籍，讓我們的視野更加寬廣。感謝您^_^
- 以前，我對於鬼神之事總抱持著寧可信其有的態度，拜拜多半都是到大廟去，大部分是去請個安或祈求平安健康，雖然偶爾會陪父親到其友人的宮壇，但當時沒多大感覺。前一年，因朋友介紹接觸到某間宮壇，也因為對方準確地說中發生在我身上的事而震驚，後來又被收為義子，於是便常為該宮壇出錢出力，但長久下來，我開始覺得堂上神明威脅恫嚇的態度讓人難以接受，主事者行為態度捉摸不定也造成信徒的身心負擔……。還好，您的書拯救了我，讓我知道靈界的初貌，神頂多只能當推手而非靠山，況且是不是神還有待商榷。後來，我反而很同情那位主事者，年紀跟我相仿，也沒準備好，卻不斷替一群待修靈（坊間宮壇依附在神像內的靈）辦事，我看是很難脫身了！現在，我常常把您的書拿給我覺得有需要的人看，希望也能對他們有所啟發，自己的人生自己負責，不要再被綁架了！

● 在臺灣，拜拜已因數百年的生根而成為與生活緊密相連的文化，外國旅客總是好奇地四處遊覽各大廟宇，感受這種獨一無二的文化氛圍。隨著時代的演進，各宗教都已漸漸發展出自己的新風貌或新學說，但臺灣的拜拜文化似乎未因現代化有更進一步的內涵。宇色老師點出了幾個深植於文化習俗、值得攤在檯面討論的迷思，提供更多可以實際落實於生活中的觀念，減少大家困頓於各家難以印證的說法之中。個人因為此書才瞭解「香火」是穿透人界與靈界空間的媒介，也明白了傳統文化中極為強調「延續香火」之本意。拜拜不僅需要誠心誠意，將心裡景仰的高靈精神內化為自己生活中的思維與行動準則，才能藉由宗教解決心理窠臼，長期下來改善生活品質。

看了這麼多讀者的來信，心中真的很欣慰，我寫《透視靈驗！我從拜拜背後發現改變命運的祕密》的初衷，本來就是希望跟大家分享：**拜拜只是精神寄託，而不是將人生問題一味地丟給神明，把神明當成人生的保姆。**盲目追求各種拜拜儀式，祈求人生、事業平安順遂，卻忘了求神拜佛的真正精神意涵，長久下去，終將失去追求夢想的力量，忘記我們生而為人的意義——從逆境中體悟「苦」背後「美」的真諦，藉此昇華內在智慧。

曾有讀者問我：「你拜母娘又走靈修，卻勸導讀者不要迷信於拜拜，這不是很矛盾嗎？」我走靈修十多年，不在形式上打轉，反而花更多時間鑽研人性、宗教、心理和靈學，其實是因為看了太多將神明、拜拜、風水、鬼神、祖先靈當成左右人生興衰主因的案例。這些人為了扭轉人生的不順利，儘管生活已經窮途末路，還是將大把金錢砸進各種拜拜、靈修儀式中，結果不僅白費金錢與時間，也失去了自信與智慧。

二〇一四年十二月，我參加了一個內觀中心的十日課程，課程中葛印卡老師[2]針對修行開示了一則故事。

有一個人生了重病，在鎮上一位非常有名的醫生那邊看完診之後，便興沖沖拿著藥方衝回家，將藥方與醫生的照片供在供桌上，早晚膜拜，並在心中默念：「醫生啊！請賜給我一副健康的身體吧！」他觀想醫師的長相，日以繼夜地精進持誦名醫開的藥方。然而日子一天天過去了，他的病情依然沒有任何起色，病痛得苦不堪言，於是他憤怒地拿著藥方去質問醫生：「為什麼你開的藥沒讓我的病情有一丁點兒改善？」

醫生也沒生氣，仔細詢問他如何使用藥方，然後笑著說：「要拿藥方去藥房抓藥，服藥後病情才會好啊！你怎麼會早晚持誦我的藥方呢？」

這則故事還真的把人們盲目求神的錯誤心態栩栩如生地攤在我們眼前！我接過無數高官達貴的預約問事，他們的問題其實與一般人大同小異：貴婦久婚不孕求子、高官問陞官、高學歷求婚姻、國外留學歸國找工作、富人想投資理財……，你是否也有過這些疑問呢？或許你認為，就是人生不順遂才要求神拜佛，但請仔細想想，**人生若一切稱心如意，要如何體悟人生的意義呢？**

拜過許多人不曾認識的神明，到訪少有人去過的仙山廟宇後，我的體悟是——見山是山，見山不是山，見山還是山。你呢？如果你依然將人生的希望建築在求神，誰說哪間廟靈驗就往哪邊跑，你或許還在見山是山的階段……。

---

2 葛印卡（Satya Narayan Goenka，1924.1.30~2013.9.29）是一名知名的內觀靜坐老師，世界上很多國家都有教授葛印卡內觀靜坐課程的中心，平均每年都有十萬多人參加葛印卡的內觀靜坐課程。由於葛印卡老師已過世，各地的相關課程藉由播放他的錄音檔來進行教學。

希望在讀完《透視靈驗！我從拜拜背後發現改變命運的祕密》和《靈視拜拜・我從求神背後找到自我實現的力量》之後，大家能夠更進一步地體悟到：我們要拜的其實不是神明（神像），只有在拜拜時檢視自己的內心，進而升起願力（改善現實生活的心願與行動力），才能從仙佛菩薩那裡得到人生助力。如此一來，你將從只是拜拜邁向另一個提升自我的修行階段。

信者恆信，不信者恆不信

面對種種求神儀式、拜拜觀點，我們究竟該抱持何種態度？「信者恆信，不信者恆不信。」這句話或許非常適合用來回答這個問題。

在走靈修、跑靈山的過程中③，最令我困惑的事就是：到底哪一種靈修、求神拜佛的儀式是可信、可依循的？

我見過許多用來改善財富、運勢、人際關係等等有形與無形的陣法（或稱儀式），都必須靠靈乩向仙佛菩薩請示後才瞭解該如何進行，完全無邏輯、無前例可循，最後印證的結果卻是：這些儀式對於參與者的影響程度不一。

如果它真能全信或真有百分之百的改善之效，影響程度就應該是相同的，然而結果並非如此。

或許，除了當事者本身的福報、事件是否具足因緣，當事者「信」的力量也須列入考慮，就如同瑤池金母所說的：

當一個人有發自內心的「信」，他本身就會有力量，這股力量會牽動他想要改變的事件，也會引發一股當事者想像不到的無形力量。

拜拜也是一樣的，當你發自內心相信人生遇到逆境時能靠拜神而獲得解套時，你心中「信」的力量就會與那尊神明的精神力連結。

此時，你的心是一座基地臺，「信」是上面的按鈕，按下按鈕，基地臺就會發射電波到你想連結的另一座基地臺——神明。想得到神助，就必須先自助，我們得先具備福報、因緣與助人之心三個條件，此外，你還得有「信」——套句常聽到的話，就是「心想事成」，「想」（目標）就包含了「信」。

薩頓・史密斯（Sutton-Smith）說：「在印度神話中，世界是神手上的遊戲，作夢和樂趣是一

3 詳見《我在人間與靈界對話》、《我在人間的靈界事件簿》。

種實在的形式，與所謂一般意義的世界同樣認真被看待。遊戲，就像夢一樣，不是實在的次級形式，作為認識的一種形式，它是首要的[4]。」

宗教儀式的產生大多是古人在「遊戲」間所發現，當它加入了信仰元素後，種種拜拜、宗教儀式也因此而展開。古人在虛擬遊戲中觀照現實生活的種種問題，當人們在遊戲中扮演不同角色時，能脫離現實角色而暫時達到釋放壓力的效果。

分享一段很值得深思的話：「請把修煉過程視為一場神聖的遊戲，遊戲性其實並不會將神聖性消解，也不會將受難者的苦痛以太過輕鬆的方式看待。遊戲強調的是一種轉化能力，將人自某個當下抽離出來，再以某種全新的身分投身到另一個實在（遊戲）裡，遵循另外一套規則以獲得重生的意義。」[5]

遊戲與宗教儀式之間共同的特徵是自我實現、觀照與覺醒。請試著將遊戲「自我實現、觀照與覺醒」的力量放在拜拜信仰中，假若能在遊戲（拜拜儀式）時體悟到自我實現（藉由虛擬遊戲實現某種內在的成就感）、觀照（在遊戲下觀照心中的感受）與覺醒（觀照感受而醒覺到人生真諦），也許就會發現這不再是單純的乞求平安、財富、姻緣……，而是在協助我們認識自己。

「信」是進入遊戲的入場券，同時也是開啟拜拜儀式的鑰匙——信者恆信，不信者恆不信！

如果你問我：到底拜拜要相信誰說的才準？哪一種儀式比較正確？我會反問你：你發自內心信

仰哪一尊神祇？你信仰誰，拜拜儀式和心中信仰的神明就會對你產生影響；你不相信，任何儀式、神明都對你產生不了任何作用，你只不過是因為恐懼、害怕、不安或有所求，而自然地向神明靠攏罷了。

在正式開始閱讀這本書前，請各位先捫心自問：「我的心中是否帶著『正信信仰』呢？」

宇色，二〇一五年四月，臺中書房

4 遊戲像夢境一樣虛假、不切實際，但當你真正進入遊戲中，並觀照當下的時候，便可以在遊戲過程中認識自己。

5 引用林育嫺《神聖與遊戲：三重無極殿的宗教實踐》（臺北，政治大學宗教研究所論文）。

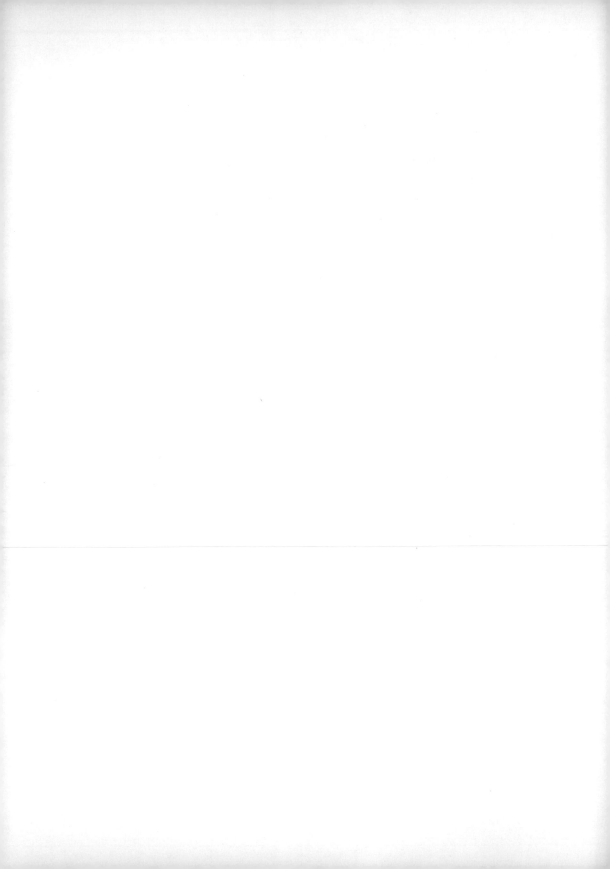

Part1

拜拜教你成為生命的主人

在靈修的路上走了近二十多年，看了許多「人性」在追求神秘經驗下的種種脫軌行為，再回頭審思才驚覺，靈修時常見將一切是非對錯推卸給神明、先天靈、轉世靈、主神、冤親債主的迷思，近幾年已轉移至拜拜，甚至發揮得更淋漓盡致。當別人說該如何拜神才能心想事成時，你是否想過：「真的是如此嗎？」

依心而安住，依功德而安住。

Chapter1

以邪心求神，相應的自然邪魔居多

在廟裡是魔還是神？這個問題或許曾困擾過你，但我周遭的好友卻多半都不敢置信的反問：「怎麼會有人問這個問題？」許多問題其實原本都不是問題，只是在有心人士過度詮釋，使之誇大地流傳在民間時，才會有愈來愈多人在這些問題上加諸**過多不必要的自我想像**，到超過自己能力所能處理的程度，甚至還自圓其說。

宗教信仰之事尤其如此，這些自我想像大多來自《封神榜》、民間傳奇等等，加上現代人身處媒體資訊爆炸的年代，無法思辨又喜歡自設問題困住自己的人，自尋一些「無法被印證」又不知發言人有何身分背景的論點，導致妖魔鬼怪之說從心蔓延開來……。

知名寺廟被妖魔盤踞？——誰有足夠智慧區別神靈？

曾有兩位問事者不約而同問我，聽說臺北某知名佛教寺廟正殿的神像中，依附的並非正神，而是一隻千年妖魔；現在廟內唯一依附正神的，只剩後殿裡的某尊神像。我回答他：「可不可信我不知道，但當這個問題超過自身修行、思考、思辨之外，你又缺乏清靜的心，再思考它就只是庸人自擾！」他接著表示這個傳聞在網路瘋傳，我因而更加肯定其真實性有待商榷——畢竟，當一個信仰、拜拜、靈學觀點是由不具名又不知其修行次第的人所傳出，就該保持懷疑的態度去確認。瑤池金母說：

不要將寺廟神像裡的靈簡單區分為魔與神兩種，那是人們以不具智慧的心狹隘地以二分法看待靈世界，「人」都很難單純地去區分好人與壞人，何況是浩瀚無邊的靈界與靈？真正具大智慧的人不會散播這種讓人恐懼與混亂的觀點。

最後，我告訴他：「不論待在神像裡的是神還是魔，祂們都不是人心安住的對象，拜神無法得到解脫苦的力量，求神問卜是從中醒覺自身在生活中應負的責任——拜神是追隨仙佛菩薩的宏大『願力』，而不是將祂們當成解脫苦的救星。」

我當然明白，這樣的回答並無法讓對方感到滿意，他就是想知道該如何分辨神像內的是神還是魔——人往往只想要得到簡單的答案，這點在盲目追求民間信仰的人身上更為明顯。

宮壇、廟宇內的神像其實都是待修的靈，祂們在智慧、功德與保佑人們的願力上非常有限，也與我們一樣同處於這個太極世界中，無法依自己的功德跳脫輪迴。與其祈求祂們的保佑，不如回歸自身。只是沒料到，過沒幾天又有另一個人詢問了相同的問題！

神將的「癒人」大願——是神助人？還是人助神？

一日夜晚，我在自家禪房靜坐時突然想起前面兩人的疑問——到底那間廟宇的神像住的是正神還是邪魔？便興起了觀看該廟宇神像內盤踞何種靈的念頭。在靈修法中，觀看靈界的方法須運用元神，要訣是先向仙佛菩薩稟明欲查之事和動機，再盤腿靜坐轉動元神意識，一心不亂地將專注力定於鼻息與欲詢問之事，假如因緣成熟，便能對欲知之事瞭解一二。

沒多久，我感受到一股強大的能量盤旋於頭頂，帶動全身的靈動感，該廟寺的影像剎那間便浮現於腦海……。

幾根紅色柱子卓立於大廣場，撐起大片遮陽屋瓦，寧靜似雨後的氣氛取代了平日人煙鼎沸的朝聖人群……，接著畫面一轉，視野從原本站在廣場前正視主殿，突然轉向，變成凌空四十五度向下俯視正殿，心中正納悶時，一尊身形高聳巨大、直衝雲端，身著古代戰袍的戰將乍然出現在眼前。

我抬起頭，想觀看此戰將的相貌，但一大片霧氣般的白雲遮住祂胸部以上的輪廓。雖然不像電影場景裡仙佛菩薩現身時那般金碧輝煌、光芒四射，但祂身上的靈氣卻震駭得我肅然起敬。

此時，一道聲音在我心中升起：「我的『願力』在助人醫療病體，後人在我『願力』渲染之下而行此善業（醫療），並以此善業根基而發揚光大。」①我於是在頃刻間領悟到一個道理：一間廟宇的主神的願力，無時無刻都影響著護持此廟的信徒、弟子、神職人員的身口意。與此同時，我的腦海浮現了藥籤、醫院、醫療、收驚等等畫面。原來，有些寺廟之所以**特別靈驗**，與主殿**神明的「願力」**有著密不可分的關係。

當下我立即瞭解，為什麼曾被此廟志工阿嬤們收驚的人們，大多能感受到其神效，有些人甚至無須開口，志工就能說中問事者的問題——原來他們背後有這位戰將「療癒人們身體」的慈悲願力在支撐。

這讓我憶起多年前在臺北服兵役時的事，由於正逢人生低潮期，我常會繞到這間廟上香拜拜、添點香油錢，並請阿嬤為我收驚安神，然後才回軍營。不知是神明保佑、收驚療效，還是剛好運勢低潮已過，日後我慢慢適應了軍中生活，更因此獲少將指揮官青睞，萬中選一地成為侍從，在他身邊處理事務。

現在，你要稱依附在該廟神像裡的靈是魔、高靈或仙佛菩薩？

如同我在《透視靈驗！我從拜拜背後發現改變命運的祕密》所說的：「只要是為求香火以續修行之路而助人，祂們是神明或鬼靈已沒有那麼重要，重點在於：人心不要過分盲從。」

瑤池金母曾教導我：

坊間廟宇的靈（神像）與人們一樣，都是投身於太極界紅塵中待修的靈，真正的仙佛菩薩仍在無極太虛而充滿極樂的世界中。

廟宇中的靈（神像）仰賴人們宏揚祂們的願力以達成祂們的修持，人們也在祂們的願力下培養一顆智慧、慈悲與向善之心。是神助人？還是人助神？在我看來，應是**互助互利的因果關係**。

或許你會接著問：「要如何判斷廟宇神像內神明的靈格高低？」

神明靈格高低、是聖靈還是帶著邪念的靈，追本溯源仍應回歸到主事者、創辦人和信徒們是否有**良善與正信之心**。

正信之人膜拜之神像自然會吸引與他相同頻率之靈；反之，充滿利益之心的主事者便連結到相

1 此句話是在事後回憶時以大約的文字描述，並非當時祂完整的言語。

同能量的靈。子曰：「放於利而行，多怨。」一個人如果一切以利益為優先，最終將招來怨恨——人與靈的世界亦同，當宗教主事者事事都以利益為優先，自然也會招來充滿怨恨或邪見的靈。

遇見土地公、二郎神、三太子——信神，不是依賴神

下面這段故事，是我一位任職媒體界二十多年的朋友，轉述另一位年近五十多歲朋友（暫且稱她為小瑛）的真實故事。

看完這個故事，或許你會對那些與我們一樣在人世間修行的靈有不同的看法。

小瑛從小就能看見存在於另一個空間的鬼與神，但因年紀小，她分不清鬼與神的差別。有一年，平時身體狀況已是蒲柳之姿的父親突然惡化發燒不退，孝順的她聽老一輩說山上某種藥草（類似雷公根、車前草）能退燒，於是在一日傍晚隻身前往後山尋找。到了山上，她就埋頭猛找藥草，完全沒注意到四周是否有其他人在。突然，耳邊響起了一個男人的聲音：「小妹妹，妳一個人在這裡做什麼？」

小瑛抬頭，映入眼簾的，是一名身著西裝褲、襯衫的中年人。她不禁在心底嘀咕，上山

時既沒發現有住家，也沒聽到走路聲，這位大叔是怎麼出現的？不過小瑛自我安慰說：「或許是方才太認真找藥草了，才沒有留意到吧！」於是，她向對方表示，因為父親重病高燒不退，所以上山尋找能幫助父親退燒的藥草。

大叔微笑地點頭跟她說：「妳這麼小就那麼孝順，非常難得。我就住在這附近，現在天色晚了，妳先回家，明天差不多這時候再來，我會準備好妳要的藥草。」小瑛不疑有他，點點頭便離去。

隔日傍晚，小瑛到了前一日與大叔碰面的地方時，對方老早就準備好一大堆藥草等著她，他還要她每日同一時間前來，他都會提早準備好。

又過了數日，大叔告訴小瑛，他有事要出遠門，這幾天切勿上山。然而，隔沒幾日，舊疾纏身的父親再度發起高燒，孝順的小瑛只好又上山。快到山腳處時，她發現一間以前從未留意到的小土地公廟，心想：來山上好幾趟，怎麼都沒有注意到這間土地公廟？就在她鑽進土地公廟合掌膜拜時，心中不知為何閃過一個靈感：「大叔該不會是土地公吧？」

她拜完要鑽出來的時候，一不小心頭便撞上了廟的小屋簷，頓時鮮血不止，沾滿了白色制服，她不知該如何處理，心慌得都要哭了。此時，表示要出遠門的大叔竟突然出現，他看著小瑛，不急不徐地說了一句：「妳的頭流血了！」接著便轉身低頭在土地公廟四周找了找，隨手拔了幾株不知名的小草，就往小瑛的頭上敷，一邊說：「這草可以止血，妳就這樣按著頭回家吧？」

小瑛要離開前，大叔還不忘叨念了一番：「不是要妳這幾日不要來嗎？怎麼突然跑來了？」小瑛這才鼓起勇氣問他是不是這間廟的土地公？但他只是微笑，沒有再說什麼。

小瑛後來再去山區拔藥草時，這位好心大叔就沒再出現過了，小瑛覺得是自己說了不該說的話，識破對方不想讓她知道的身分。

最後小瑛的父親還是不治往生了。父親過世的那天早上，她要去學校前還跟家人表示不想上學，因為她知道父親會因為跨不過門檻而跌倒身亡，卻換來火辣辣的一巴掌，還被怒罵烏鴉嘴！

不過，她在學校才上到第二堂課，就被通知得趕緊回家一趟。趕到家時，病到弱不勝衣的父親真如她預言的那樣，被門檻絆倒，頭撞水泥地斷氣身亡……。

又一回，家中附近廟宇的乩童正準備要辦事，廟內廟外都很熱鬧，小瑛與家人也好奇地去湊熱鬧。她在寺廟四周跑來跑去，發現廟宇後面有幾位老人家在玩四色牌[2]打發時間，她停了下來，看得入迷。突然，不知從何處冒出一個身著紅色肚兜，年紀小她幾歲的小男孩，對方瞧了她一眼，詢問她那群老人家在玩什麼？小瑛回答是四色牌，小男孩想了想之後，請小瑛教他玩，小瑛便拿了一副被棄置的四色牌教他。正當兩人玩得不亦樂乎，一個年近三十歲的男子聲音突然出現，口氣有些不悅地對小男孩說：「還玩？都什麼時候了，還不快點去辦正事！」

小瑛抬頭後立刻愣住了，眼前這位大哥身著古代戰甲，兩眉間還有一道直豎眼睛形狀的裂縫，好似《封神榜》中的二郎神楊戩，她再轉身看看身邊的小男孩，突然也覺得他好像三太子李哪吒。她不禁感到好笑：這間廟宇的辦事人員竟然敬業到打扮成神明的模樣！

她念頭方落，小男孩便三步併兩步，一溜煙地跑向廟前的乩童，鑽了進去，而乩童竟也在那一剎那「跳童」[3]了起來。小瑛心一驚：「那位小男孩該不會就是三太子吧？」她立刻轉身，想再仔細看一下打扮成二郎神造型的大哥，但人早就不知去向了。

小瑛跟我朋友說，這是她小時候的親身體驗，因此她從小就特別相信鬼神，拜拜時也不敢任意妄言，她相信：「人在做，神明一定有在看。」

這世上有神嗎？

---

2 一種老一輩常玩，如大拇指般大小的牌，以四種顏色組成，上面寫有如象棋般的將、士、象、車、馬、炮等字樣。

3 閩南語，即「起乩」。

我相信祂們**真實不虛**地與我們同在這世間上，但就是因為相信，所以我更加肯定——求神拜佛是希望在迷惑的道路上得到祂們的指引，**正神無法扭轉因果**，更不會口出恐嚇之言，真正掌握命運與人生的是**我們的心**，而不是祂們。

那麼，住在神像裡的是鬼還是神呢？我的回答是：都有。

祂（它）們的存在來自於膜拜者與主事者的心與願力，如果人心不良善，利用宗教獲取他人不義之財，豈能寄望神像內的靈是正神呢？相反的，如果從事的是真正利於眾生之事，主事者能以宗教的力量教化人心，此心自然會接引更高靈格的神祇前來……。因此，欲判斷神像正與邪，端看主事者的行事作風。

神像入魔讓全家卡了二十多隻鬼魅？——人云亦云，日子難過

曾有一對夫妻前來問事，想知道家中是否有卡到陰。原來，自年中開始，就讀幼稚園的孩子便咳嗽不止，半年過去了，看遍醫生仍未痊癒，甚至還傳染給全家大小。某位通靈人告訴這位太太，主因是家中神像內的靈並非正神，已入魔了！而且全家卡到近二十多隻的鬼魅，丈夫身上有六隻鬼、一妖，她三隻，媽媽三隻，大兒子與小兒子分別是六隻與二隻。

通靈人一得知他們家的神像未開光，便直言家中神像非正神，建議他們退掉神像，一來她與丈夫分別與九天玄女、玄天上帝有緣，二來他們在經營事業，安請金龍太子對財運會更有幫助。

結果太太聽從了建議，退掉家中神像後又雕刻了新神像，以他們當時捉襟見肘的經濟情況來說，無亦是在負債上再添一筆龐大開銷。她丈夫告訴我，他們家以佛教的方式供奉神像，並未拿香拜拜，僅點臥香與檀香[4]，信仰的是東方教主——藥師琉璃光如來（簡稱藥師佛），未退掉藥師佛前，每每在佛像面前念經，內心都能感受到一股殊勝的寧靜感。

我問他們：「退掉神像後，咳嗽痊癒了嗎？」得到的是一陣搖頭。我又進一步詢問：「既然對方說原因在家神未開光，導致神像裡住的不是正神，是否有請她前來處理新神像的安神入座？」

太太表示前後他們邀約了三次，但每一次都被對方以不同的理由推諉掉了。

關於該通靈人的說法，因為沒到他們家中看過，我並無法確認，但「神像非正神」的說法仍存有太多未證實之處，舉例來說，為何全家會卡陰？為什麼卡陰會導致全家久咳不癒而非其他症狀？神像非正神的原因是什麼？

話又說回來，假使神像內真的已經沒有正神，為何一定要退掉神像，重新雕刻呢？

[4] 以念經持咒為主，不上香膜拜，細節請參閱《我在人間與靈界對話》。

解決這種情況的方式有非常多種，例如：

- 將神像內的靈體退掉，另擇吉日重新安神入座。
- 如有經濟上的困難，退神後並不一定要再安神、拜新的神像。

以上方式不是既能解決神像內非正神的問題，又不會增加經濟上的負擔嗎？況且，從開光儀式的角度來說，當事人以佛教方式膜拜，何來入魔之說——在漢傳或南傳佛教中，本來就偏向無開光儀式。

更重要的是，任何人都沒有權利改變他人的宗教信仰。至於是否卡到陰，一般可以從外在言行舉止來判斷觀察，無須求神問卜——

- **眼神是否專注：**卡到陰之人眼神常空洞無神。
- **對談時是否反應正常：**卡到陰之人因元神渙散，無法流暢地表達想法。
- **觀察睡眠品質狀況：**卡到陰之人容易昏睡（去除不正常生活作息這個因素）。
- **情緒反應：**卡到陰之人常歇斯底里、喜怒無常。

若如那位通靈人所言，家中神像內已非正神，而且一家大小卡到二十多隻陰靈，情況應該會更嚴重才對，但他們的行為都很正常，大致可斷言並未「全家卡到陰」。瑤池金母對於這一家大小久咳不癒之事，如此解釋：

家中氣場不易流通，住在裡面的人較容易精神不濟，財運亦會停滯不前。平日須將門窗打開，使室內空氣充分對流，改善原本沉悶的氣場。膜拜家神所使用的臥香、檀香雖然會燒燼，但細微粒子仍會殘留在空間與牆壁上。臺灣是島嶼型氣候，加上一家人都是氣管敏感的體質，小朋友放學帶回病菌後，受到家中氣場不流通和長期點香的影響，再加上先天氣管較敏感的人在秋冬會更加敏感不適，才會拖了半年沒好，甚至變嚴重。

我接著提醒這對夫妻，對於我或其他通靈人的建議，他們都應該思辨再三：「瑤池金母所言之事，你們可以信，也可以不信，但不花錢，做了也不傷身，不妨就試試看，避免天氣寒冷時在密閉空間點檀香，家中無人時也盡量打開窗戶讓空氣流通。」

據他們事後表示：「自從上次告知有可能是香的因素以後，我們就不再燃香了，一家人的咳嗽也都因此有所改善，現在只剩下偶爾的小咳，也許很快就能痊癒。」

即使在生活中遇到看似違背常理之事，仍須回到生活層面思辨，對於通靈人、老師、命理師所說的話亦同——

少了思辨，人云亦云，只會讓生活更加複雜。

拜過城隍爺後被鬼上身？——一般人並不容易被邪靈看上

曾有一對年輕夫妻來找我，太太表明自己是敏感體質，某日到新竹城隍爺廟拜拜後便全身不適，「整個人開始不太舒服，尤其是頭部的脹痛，就像有人拿木棍在腦袋裡敲打一樣，一陣一陣的，痛一下，停一下，痛一下，停一下……。」

離開城隍爺廟，與丈夫開車上高速公路後，她開始不斷嘶吼，大力捏著方向盤，彷彿被鬼上身。他們急忙打電話給常去的宮壇主事者，對方在電話中安慰她和身上的「它」，不久，這個類似外靈干擾的情況便安定了不少。

夫妻倆連夜到主事者家，此時太太的雙眼已因持續大哭而變得浮腫，連走進道場的力氣也沒有，被主事者半「拖」著進入堂內！入堂之後，附在她身上的「它」大哭得更厲害，還不斷跪地磕頭，主事者連忙安撫「它」說：「有什麼委屈儘管跟菩薩說吧！」

「它」又嚎啕大哭了一段時間，情緒才稍稍緩和下來，主事者接著跟「它」說：「好了好了，菩薩知道了！」再以金紙與紙蓮花送「它」離去……。

她在訴說這件事情時，我暗暗思忖其中一個環節，幾乎可以肯定她啟靈了。一來是**真正被鬼附身的案例少之又少**，一般多發生在作息不正常、整日煩惱不斷、焦慮不安者，鎮日沉浸於非正道的陰靈之道和喜談鬼神者也較容易被「看上」——被力量如此強大的陰靈強占身體，那可是泰國鬼片才有的駭人情節；二來，則是她的情況和我剛啟靈時很像。

於是，我一一將元神已近甦醒的徵兆分析給她聽，對方點頭表示確實有同樣的情況發生。一個元神已近甦醒的人，只要因緣具足或到一些香火鼎盛的廟宇，多年積壓的苦就會透過元神展露出來，有時會以哭、鬧、叫方式呈現[5]。

既然不是被邪靈附身，而是元神將要甦醒，之前那一段段哭鬧，以及燒金紙、燒紙蓮花的橋段，充其量只是一齣**心理與心理的對手戲**。

我在開設「靈修・覺醒旅程」的課程中聽過無數次類似或比這個案例更戲劇化的遭遇，他們也

---

[5] 轉世是為了處理先天的習氣，但我們卻會因社會化而掩飾和漠視習氣，以及這輩子未處理的情緒。啟靈後，元神會伴隨先天和此世未處理的習氣和情緒，故常有情緒化的行為出現。更多元神之事參閱《我在人間與靈界對話》、《我在人間的靈界事件簿》。

都會從周遭聽到一個不隨人們知識成長而減少的共同臺詞——帶天命、冤親債主、邪魔干擾、被外靈附身……。

瑤池金母曾說：

當宮壇主事者心思鎮日忙於處理陰靈、鬼魅、祭改等事，不安住於心也不宣揚正法，宮壇內神像的靈便無法與主神的靈相呼應。

決定宮壇內神像的靈是否端正的，除了主事者與膜拜者虔誠的心，另有一個重要關鍵：宮壇也應在形式上的濟世度俗之外，帶領信徒、弟子**瞭解佛教義理**、**道家精神**、**儒家的做人根本道理**。若宮壇、道場以泛靈儀式（燒金紙、紙蓮花，以度化亡靈、處理冤親債主、化解邪靈等辦事）為主要訴求，神像雕刻再精美，依然無法聚集良善與崇高的靈，更別說連結最原始那尊仙佛菩薩的願力與精神了。請記住一個非常重要的觀念：人與天界聖靈的連結來自於**純淨心念**。當人們持誦經文、宣說正法並帶著一顆純潔無染的心膜拜神像，神像便會與正信仙佛菩薩有最緊密的連結。

所以，如果你問我：「在你所接觸的宮壇、道場和寺廟當中，其神像的靈是否有端正的例子？」我會說，請審視自己的心，並觀察宮壇主事者及其弟子、信徒們是否都有純淨與正信的心。

聚集無形眾生的佛寺和天神護神的佛寺——連結仙佛願力的三大要素

一日，與幾位友人至嘉義某山間的漢傳佛教寺廟參拜，其一樓大殿供奉有準提觀音（或稱準提菩薩、天人丈夫觀音、準提佛母）6。

居住在當地的友人告訴我，該廟供奉靈修派五母之一的準提觀音，近來常見許多靈修團體到此會靈、靈動或大聲哭鬧，但這是佛教廟宇，靈修派會靈時的怪異行徑難免會招來外人的異樣眼光。另一位友人也說他曾在彰化八卦山看到一群靈修人在大佛寺裡又哭又叫，他們對外稱說八卦山隱藏著氣場極好的蓮花寶穴，讓寺裡的辦事人員無奈又不解，一間講求寧靜的佛教廟宇，怎會突然出現靈修人到此會靈，何況傳聞中的蓮花寶穴只是花錢請人鋪在地板的設計！

此外，八卦山是在「北白川宮紀念碑」原址重蓋，該址在日據時代是義民抗日的古戰場，當時死傷無數，至今仍傳聞有不少義民或義兵亡魂在此遊蕩，為什麼這樣一個地方會成為靈修人會靈之處呢？就算不論過往歷史，八卦山已放置近三千塔位的靈骨塔，在這裡會靈的目的是什麼？是會神還是會鬼呢？

6 觀世音菩薩的化身，密號最勝金剛，為六觀音之一，準提菩薩誕辰為陰曆三月十六日，或以觀音菩薩誕辰二月十九日再次禮拜。

靈修人將與神明會靈當成靈修法之一，在臺灣，只要是名勝古蹟或稍有歷史的廟宇都能是靈修會靈聖地，也因為這樣，近年因靈修而導致精神異常的事件不斷，我的碩士論文[7]中便提到這個觀察：以靈修派為主要法門的修行人缺少了對正信佛教、道家、道教[8]義理的深入研究，偏向追求神話世界的崇拜，導致多年來靈修派無廟宇不膜拜、無靈山不會靈的現象。

幾位朋友感受到這間佛教寺廟的靜謐與安寧感，問我是不是有靈格極高的仙佛菩薩。我回答他們，沒有。接著又進一步解釋**氣場好壞與靈格並無絕對關係**，佛教殊勝與莊嚴的建築風格本就能震懾人心，寺內宏大、雄偉的佛菩薩神像更令人發自內心肅然起敬。況且佛寺與道教廟宇最大的不同，是前者講求肅靜，而後者較親民，此外，相傳持誦佛教經典與咒語時會有天龍護法前來，加上佛寺每月不定期的法會共修……，以上種種都與營造好氣場有關——廟寺氣場的好壞不單只仰賴大殿內的神像神靈而已。

話說回來，佛教教義本就不以神像為皈依，重視的其實是佛陀宣傳的經典。佛在臨終前對阿難說：「阿難，你們千萬不要在我逝世後，有『教主之言畢，我等失去教主』的想法，你們必須依照我曾經為你們宣說的經典去實修。我入滅後，我曾教導的教義將是你們眾等所皈依之處。」故而延伸佛教三寶——佛、法、僧為信仰的皈依。

有人曾問佛教某大師，為什麼佛教要為神像開光，此大師回答：「做給信徒看、隨順眾生、巧妙應用。」由於民間信仰的影響，人們認為若沒為神像開光，神像內會盤踞邪靈，因此佛教也順應眾生發展出一套為神像開光的儀式，說穿了就是做給人們看罷了。在南傳佛教中，一些信徒曾希望長老、尊者為他們灑聖水求平安、祈福，亦有人曾問過某南傳長老這個儀式是否真能帶來祈福功效？長老回答說：「他們想要，我就做給他們看。」

一日，我到苗栗某漢傳佛教寺廟參拜，看著殿內每一尊高約半層樓的神像，忍不住心想：我膜拜的是神還是我自己？我相信答案是後者。畢竟只有認清自己，才能肯定自我價值、克服恐懼，產生前進的行動力——只有自己往前走，才會感受到仙佛的助力。

老實說，我並無法感受到仙佛的靈力在這些神像身上顯現，但它們製作、雕工得如此精美，彷佛祂們就矗立在眼前，震懾得人們想要去瞻仰祂們的精神——我相信這正是佛教總不吝惜製作巨大神像最主要的用意。

對此，瑤池金母教導我一個非常重要的觀念：欲使神像內的神靈靈格連接仙佛菩薩願力，方法來自於祝壽、經典、持咒。

7 筆者於民國一〇三年研究所畢業，其研究論文為《臺灣民間信仰中靈修模式之研究》。

8 學術界所謂的道教，在中國古代宗教信仰的基礎上承襲了方仙道、黃老道和民間天神信仰等大部分宗教觀念和修持方法，奉太上老君為教主，並以老子的《道德經》等為修仙、修真境界主要經典。至於坊間的鬼神信仰，被稱為臺灣民間信仰，較缺少紮實的經典研究與依歸。

於神像前精進持誦此神像專屬的經咒、執行儀軌，人們的意念才能與仙佛菩薩願力連結；至於每年仙佛菩薩的得道日、聖誕等，得如自家家人般去膜拜。前者其意念、口與祂們相應，後者則身體力行與祂們願力相連結，如此，此尊仙佛菩薩神像會因我們精進且不中斷的虔誠心，而產生一條與真正仙佛菩薩相應的靈。

每一個人都擁有與仙佛菩薩連結的能力，它來自於我們純淨的心。

舉例來說，當你家或廟方所供奉的主神是觀世音菩薩，你要做的並非每日膜拜神像，祈求祂們的保佑，而是**回歸自己的內心**。當我們每日精進持觀世音菩薩的經、咒如《普門品》、《觀世音菩薩靈感真言》，而在每年觀世音菩薩成道、出家紀念日、聖誕日……，將祂們視為家人般，為其準備表示虔誠心意的鮮花素果並膜拜，其心念不僅能與祂們相應，神像內的靈亦能與真正的觀世音菩薩願力連結——人的意念與靈，就像是磁鐵與鐵的關係，意念（磁鐵）強大便會吸引靈（鐵）前來，反過來看，若想吸引體積夠大的鐵，磁鐵也要夠大。

二〇一三年，我陪同研究所教授、友人到泰國曼谷聞名全球的法身寺進行學術交流，行程空檔順道參訪附近幾處知名佛寺。其中，有一間佛寺香火極為鼎盛，該佛寺在數千年前曾是南傳佛教清修勝地，因不再有南傳僧侶居住，近年來已融入泰國當地拿香、點燭等參拜方式。當下，我可以明顯感受到主殿聚集了許許多多無形眾生，然而，儘管佛寺的香客綿綿不絕，上香、膜拜、供花、供香、樂捐的畫面不斷，我卻感受不到有任何靈格較高的天神護法存在——事實上，臺灣的宮壇、廟宇也如出一轍。

事隔兩年，我再度與幾位友人到泰國遊玩，這次的目的地是清邁，除了逛當地市集，免不了還是去參拜了幾間當地歷史悠久的佛寺。泰國佛教以南傳佛教為主，參拜時不必上香、燒金紙、點蠟燭、上供品，多以鮮花、合掌代替。

頭幾天參拜的佛寺當中，主殿裡沒有聚集太多無形眾生，加上我們來的時候並未舉行大型法會、僧侶早晚課和共修，所以並沒有感覺到有任何天神護法存在。

最後一天，我們參訪了當地另一間知名佛寺，根據傳聞，該佛寺是白象背著舍利子選址後，才由皇室出資建廟而成，供奉著佛陀的舍利子。這間寺廟並未保留原始南傳佛教的風格，反倒較像一般的觀光型寺廟，但寺方提供了一張印有英文、泰文佛陀在世時所教導經文的小卡，香客可以一手拿香、鮮花與蠟燭，一手拿小卡，邊繞著頗具規模的金色佛塔唱誦小卡上的南傳經文。這次，在遠處觀察的我，發現佛塔上方有兩股護法天神的靈體。

這間佛寺與其他佛寺一樣，提供香、蠟燭等供人上香膜拜，然而，其他佛寺聚集了眾多的無形眾生，卻感受不到強大護法神的存在，這間佛寺則相反，雖只有少數的無形眾生存在，卻有兩股強大護法神。

仔細觀察兩者的差異，這個狀況就如同瑤池金母所言，與仙佛菩薩相應的祕法來自於經咒、能使人聚精會神的宗教儀式，以及一顆虔誠憶念仙佛精神的心——最後一間佛寺提供了南傳經文小卡供人繞佛塔唱誦，而繞佛塔的儀軌凝聚眾人的心於當下，獲得平靜，當兩者條件都成立時，眾參與者自然而然也就能憶念起佛陀所教導的精神。

嚴謹且具系統的宗教儀軌是為了收攝人心以達平靜，經咒是承接仙佛菩薩能量的法門，當我們能一心不亂地憶念起仙佛菩薩的精神時，便能與祂們的宏大的願力同在——拜拜亦是如此，我們在膜拜神明時是否能同時憶念祂們的願力？從入佛寺山門、焚香那一刻起，我們是否已經開始收攝紛亂的心？

雖然在拜拜時不一定會持咒念經，但可以在心中默念仙佛菩薩的名號以憶念祂們的精神。根據研究咒語的林光明教授的觀點，人們一心不亂地稱念仙佛菩薩的尊號，與持誦經典、咒語的力量一樣大。

由此可知，拜拜不只是求神保佑與心想事成，若在拜拜同時念誦祂們的名號，等於是承接祂們的願力，開啟我們一顆突破命運難關的心。

祭神如神在的四大重點

前不久，我看到一篇教導分辨邪靈與正神方法的文章，裡頭還分享臺灣眾多寺廟裡，哪些是正神、哪些已被邪神盤踞。諸如此類的文章，未具正信與正知見的人看了，想必會心生許多恐懼——臺灣已經活生生地變成神魔交戰的鬼島了嗎？看到臺灣宮廟幾乎成了一篇篇《封神榜》上的故事，不禁令人深思：

人們害怕拜到邪神，所以用簡單的二分法批判神像內的靈是正是邪，為何就不反問自己在拜拜和追求信仰給予力量時的心念是正或邪？是帶著一顆寧靜心還是只外求神明給予立竿見影的效果？

多年的問事經驗與靈修修行之路上，我甚少看到因拜錯廟而身心異常的人，卻見識過許多心態不正確，因誤信某人的話或深信某種神鬼觀點而走火入魔者——關於拜拜，我真心地認為，還是要回歸自己的心來反思：

● **身口意常憶念膜拜之神尊：** 憶念指常將神明精神深植於心，《華嚴經大疏鈔》言：「攝法在心，故名憶念。」這裡的法，指的是膜拜之仙佛菩薩所教導的法。若人的身口意常與神尊同在，膜拜神像時，其靈與本人之心必與本尊仙佛菩薩有所相應。試想，只在求事時想到神明，轉身一切言行舉止都忘了神明存在，這要如何與祂們的精神相應呢？

- **神尊聖誕、得道日、升天日等都能以虔誠心與鮮花素果膜拜，時時刻刻憶念祂們的精神**：祭神如神在一般，每每在為神明祝壽的時候就將之視為家人，如此的態度能與神尊靈氣相接。
- **定課持誦膜拜神尊之經典、咒語**：經與咒是每尊仙佛菩薩的精神所在，如《地藏王菩薩本願經》便記載地藏王菩薩的慈悲願力與精神，持誦該經咒便如同憶念地藏王菩薩的精神。
- **將膜拜仙佛菩薩的精神貫徹於生活中**：這是最重要的一點，當我們以觀世音菩薩為家神、主神，便要學習觀世音菩薩慈悲的精神，並將之融入生活當中；當我們膜拜關聖帝君，便要以關聖帝君的忠義精神對待他人。曾經有人問，為什麼已經點靈認主過，生活依然不順遂？我回答他，點靈認主並不能長保生活順遂，但若我們將神明的精神貫徹於生活中，就會有「善」的基礎。如此一來，惡業現前時縱使祂們無法保佑我們，我們的善業與善念亦能消災解厄。

Q&A Time

認真活在當下，是神是鬼便沒那麼重要

Q1、什麼樣的宮壇、寺廟，其神像較容易招來負面能量的外靈？

A1、喜好舉辦各式各樣超度冤親債主、超拔往生者的法會（尤其是熱衷於將法會視為收入來源的人）、常談怪力亂神的宮壇和寺廟，較容易招來負面能量的外靈。

法會的儀式一旦形成，便會牽引許多我們看不到的無形眾生，如同《透視靈驗！我從拜拜背後發現改變命運的祕密》提到的，人們很難確定超度法會招來的一定是列祖列宗或與自己有緣的冤親債主，其他外靈同樣會被吸引過來。修行本來就不是將時間耗費在這些法會上，而是在生活上時時觀照內心的正知正見，培養良善的心。

Q2、如何避免家中神像入魔、卡陰？

A2、一切還是要回歸自己——我們是否有真正讓心安住，好好在家神前持咒、誦經呢？當我們的心與祂們同在，就能接引祂們的願力與精神，翻開佛教經典念誦佛陀曾經宣示的義理時，自然有天龍諸神前來護法，心安住了，又有何懼？

Q3、如何拜才能讓家神與真正的本尊神祇連結？

A3、參加進香團和一些宮壇的活動，有助於家中神明的功德嗎？我曾針對這個問題向神明請益過，祂們告訴我：「未在家中專心修，何來功德蔭家神？」要提升家神力量的唯一辦法就是「膜拜者的修持與願力」，要讓家神與真正的本尊神祇連結，取決點並不在於神像雕塑得如何栩栩如生，或曾請哪一位高僧、通靈人、大師前來開光點眼，最核心的源頭來自於我們自己的信仰力、虔誠心，以及心念、精神是否與主神相近。

當你相信膜拜對象的強大力量來源是內心堅毅的信仰之時，他人質疑你家家神入魔的時候，心便不會輕易產生動搖，這是信任自己的第一步，也是信仰的第一步。

《六祖壇經》云：「正人行邪法，邪法亦正；邪人行正法，正法亦邪。」這話用在宮壇、佛寺內的神像也是相同的道理。

Q4、神像一定要有開光儀式，才能確保其依附的靈是聖靈？

A4、道教和部分佛教都有為神像開光的儀式，主要目的是透過儀式引導仙佛菩薩的靈進入神像內，然而，此儀式如何進行，並無法決定神像內靈格的高低，與是否連結本尊仙佛菩薩也無絕對的關係[9]。**安神後膜拜的虔誠心、膜拜者與主事者的行事態度是否正信，以及後續在種種儀軌中**

是否有嚴謹的流程，才是決定神像內靈格高低的關鍵，因為以上三者會影響人心是否純淨、具專注力，也會決定依附在神像內的靈力。儀式只是表相，是為了讓人們在進行儀軌的過程中產生收攝力，同時在儀式後讓人們更加相信神像就是神明的代表。

換個角度思考，與其過於執著去看待廟寺裡的神像到底哪些是正神、哪些是鬼，倒不如靜下心來好好思考自己的人生，想清楚做人的道理。如同《論語》中，孔子與學生季路的對話，季路問事鬼神，子曰：「未能事人，焉能事鬼？」曰：「敢問死。」曰：「未知生，焉知死？」孔子或許沒有直接回答季路的問題，卻間接點出了「做人的基本」。

9 關於佛、道教開光之事，請參閱《我在人間與靈界對話》。

Chapter2

向神求財有用嗎？看你是否有和祂們相同的願力

福智雙行、慈智雙修，一直是我奉行的修行精神。慈悲少了智慧，稱為悲魔；智慧少了慈悲，稱為乾智。「悲魔」意指「執著」——看見世間眾生之苦，未能靜心直觀導致苦的因果，一心想助人卻讓自己也身陷苦海。智慧與福報就像潤滑劑，能滋潤我們生活與修行的心。

- **福報：**助己與利他之心，若能力與行為無法助人，至少起心動念不要傷害自己與他人。
- **慈悲：**不帶我執看見他人的苦，亦在靜心中觀察他人苦的根源。
- **智慧：**智慧之光由靜心中升起，對世間事皆能以不批判與寧靜心看待，智慧便由「三摩地」（又稱「定」）升起。而儒家所言的「知止而後能定，定而後能靜，靜而後能安，安而後能慮，慮而後能得」亦是在講禪定中的智慧心。

每尊仙佛菩薩都具備助人離苦得樂的心，不過，祂們助人之前須視其是否有福田、慈悲與智慧，少了自助的智慧和助人的福報與慈悲，再厲害的神明也無法幫忙。求財亦是相同的道理，財運欲亨通，必須先有基本的「財」——財運就是「**能量**」，要增加財運得先「廣結善緣」、增加「四方財源」。

日本長達十年的節目「全能住宅改造王」邀約全日本頂尖建築設計專家群，為居住者的家進行大改造，改善房子地基不良、人口太多而居住地太小、採光和收納空間不足，或是動線不流暢等等問題。這個節目想要傳遞的訊息是：我們所居住的環境或多或少都有些令人不滿意的地方，因為現實與心理等不可避免的考量，讓我們日復一日地待在這樣的屋子裡，然而，只要願意放下對過去某人、事、物的情感執著，大多都能接受外在環境的改變——透過頂尖建築設計專家群對舊屋妙手回春的改造，從此改變生活不愉快或狹隘的心境。

「全能住宅改造王」製作單位期盼能從改變外在環境重新創造人們內心的富足與幸福感，但偏偏事與願違，根據事後調查，許多屋主在接收改造過的屋子之後，舊屋的老問題都故態復萌了，物品堆積如山、占滿動線，設計師精心的設計大多沒被充分利用……。

這些例子充分地表現出命運背後的宇宙量子概念——我們的思想創造了外在環境，外在環境反映出我們細微的思維與想法。

大環境的改變只是一時的，無法超越人們對現實環境某些事物的執取，外在世界的頻率和步調最終會符合人們內心的頻率——這是量子力量不變的定律，也是宇宙運作的法則。同樣的，當一個人不懂得珍惜當下，心中未能感到富足時，想拜財神爺祈求更大的財富，是很矛盾的事——與其汲汲營營地拜財神爺、補財庫等，最優先的應該是修補內心的匱乏並找到正確的投資理財方法，如此一來，求神才有可能「靈驗」。

助人投資賺大錢自己卻慘賠——你活出這輩子應有的富足了嗎？

二〇一三年年底，我在臉書上面開放生命靈數與流年預測占卜，湧入大批網友報名。那一次，我拋磚引玉地為每位參加者代捐三分之一的費用——可選擇要捐棺或印製南傳佛教的善書，用意是希望大家在祈求好來年時，不以「求好運」的心態來看待，而是以「植福田」的心來迎接。

其中一位預約的朋友，本身從事理財方面的工作，同時對紫微斗數頗有研究，由於父親早期在股市失利，所以他致力於從自己的所學中鑽研出一套股市公式。料想不到的是，多年下來他雖然幫別人賺到荷包滿滿，自己的投資卻慘賠，還背負了債務。這樣幾年下來，他從經驗法則和紫微斗數中領悟到一個現實：當我們命中無財，對投資再有研究也賺不到錢；命中若有財，晚上睡覺時都有人在幫我們賺錢。

關於他這樣的想法，我轉述了瑤池金母的指示：

你今世的福大多來自祖先積德，尤其你雙親都是慈善與有宗教信仰之人……。

見他點頭默認，我繼續轉答說：

欲在股市中賺大錢，需有福報與靜心，福報是廣結善緣，靜心則是在股市中「耐心等候」，股市短期進出甚少有人賺大錢。

我建議他，既然已在股市失利多年，不如轉換心態：「把八〇%的精神與心力放在事業上（正財），二〇%放在投資（偏財），至於股市所得，一部分佈施以植福田，一部分留己用以增加財運。」佈施錢財不在多寡，而是要真正地出於善心——**評估己力，做利於自己與他人之事。**

不久，他留言告知：「宇色你好，之前問事時有詢問母娘『投資操盤』一事，當時母娘有交待，要將三〇%的收入捐出，目前我已累積一筆數目（至今未動用過），剛好明日要匯款參加老師二〇一五年的塔羅預測，是否能夠多匯款項請你代捐（捐棺或善書皆可）……。這是『母娘代操基金』的第一次佈施，若能透過你的帳號來捐棺或捐書，應該會有它的意義！如果不方便，我還是會捐給其他慈善機構，再麻煩老師回覆，感恩。」

當美國股神巴菲特看中某家值得投資的公司，大筆投入資金之後，一定知道接下來必須得耐心等候，一支好的股票可以翻倍再翻倍，他也從不諱言，有時得等上三至五年，然而，鮮少人知道投資股市的他其實日子過得頗為勤儉，對於善事更是不遺餘力；身價幾乎超過一般人十輩子收入的比爾・蓋茲也一樣，不只熱愛自己的工作，也熱心於公益[1]。

逆轉無子命運 vs. 富有到只剩錢——植福田，用錢讓世界更美好

這幾年因友人想要買土地蓋廠房，讓我有機會從土地買賣中學習到福報與良善心的重要。事情是這樣的——

友人與他朋友欲合夥買賣一筆土地，那塊土地轉賣後價差將高達幾千萬，所以特別請我同行，想知道合夥人值不值得信任。

[1] 可至youtube搜尋「股神巴菲特&比爾・蓋茲富豪面對面」影片。

對此，瑤池金母並未正面回答，表示友人的夥伴「沒有兒子命，但做過的無私功德不少」，間接指出——有德之人值得信任。

友人的合夥人有沒有兒子、有沒有在做功德，我並不知道，但友人聽完後告訴我，他朋友身價上億，本身是某知名宗教團體的委員，有兩個兒子。原來，這位合夥人的工作是房屋裝潢，但從許多年前開始擔任起某廟的乩童，近年來在正職之餘還投資土地，獲利非常驚人。他年輕時就常常幫助他人，只要得知某人家境貧苦、經濟拮据，就親自送錢過去，一年下來據說也累積幾百萬！這助人的心不僅讓他身價上億，或許同時也改變他原本註定無子的命運。

反觀中部一位炒土地頗富盛名的仲介，身價亦高達上億，但作風與我友人的合夥人迥然不同，與她接觸過的人都深知她為人吝嗇、小氣，甚少給人方便，業界對她評價很差。她買賣土地絕不心軟，就算是認識的人也甚少降價，她所賣的土地每坪價差都是翻倍地漲。

不過，二〇一四年臺中政府對農地買賣有了嚴格的管制，而且中部農地在價格方面已達頂點，此後便甚少有人再跟她買土地；幾年前在她事業財運大好之際，另一半卻搞外遇，還罹患口腔癌，臉部肌肉因而缺了一大塊；孫女在一出生時便不良於行；近年來她外遇之事被傳了出去……。朋友再看到她，雖然炒土地仍賺錢，但比起更早期，現在的氣色已不可同日而語。

友人問我：「為什麼她這麼吝嗇、小氣卻賺錢？」

我回答他說：「賺錢與吝嗇、小氣無關，只要敢下手、敢說、敢做，本身若又有福報，那就是會賺錢。」

「為什麼她家人健康大多有問題，唯獨她沒事？」

「能身價上億自有其累世福報，但過度重視私利益，忽略他人生存空間，定會反噬到家人與自己身上，只是她的累世福報或許還沒有用完……。」

別當使臺灣土地、房價泡沫化的推手！

聽過香港房市小神童的故事嗎？他二十二歲開始涉入房市，二十八歲身價上億，不少女明星都和他過從甚密，但他四十歲不到便因二〇〇八年房價大跌，不僅房地產一夕之間全部消失，還因此自殺未遂，最後於四十七歲因吸毒導致心臟病病發，不治身亡。

當一個人將賺錢建築在別人的痛苦上，最終仍會反噬到自己身上，這與神明無關，「幫助別人時，助人的力量會回饋到身上；給別人恐懼時，恐懼的力量也會回到你身上。」

無視他人的感受、健康與幸福，踐踏別人來賺大錢，就是不良暴利！就像二〇一四年爆發的一連串食安問題——黑心油、工業石灰加入豆花等等，都是只在乎自己的口袋錢，而將不良意圖加諸在別人身上，就算賺到荷包滿滿也不能得到一輩子的富足。

想賺錢？行！但千萬**不能建築在別人的恐懼之上**。

每年繳稅七位數卻留不住錢——神明不會真的讓你變有錢

許多人都希望透過拜拜求財，但真正因此而致富的有多少？想感到富足，除了鑽研自己的專業、不為惡和持續累積福報之外，不盲求、專注於當下、做好本分是非常重要的事。

真正的「富足」不只是物質錢財的累積，而應定義為：富裕與知足。

富裕是指心靈與物質所擁有的一切，知足則是珍惜當下，不急功近利於得不到的東西。

我朋友的一位親戚從事銀行理財方面的工作，近年來拜北部某陰廟賺了不少錢，每年繳交的所得稅幾近七位數，在公司，她某年的業績更是全臺第一名。然而，富裕的背後其實並不美滿，丈夫拿她的錢在大陸投資事業，這幾年的家用、房貸、小孩教育費等都由她一肩扛起。等丈夫在大陸失利返臺，見臺灣炒房地產正熱，便慫恿她再拿出一大筆錢投資，結果在二〇一四年年底被套牢在高點——她辛苦賺錢，另一半卻不心痛地隨意亂花！

富有歸富有，但真正放在自己口袋的有多少？有享受到什麼人生樂趣嗎？老實說，我覺得她要改善的不是財運，而是夫妻關係。

拜陰廟是不是較能得到偏財？是。我在《透視靈驗！我從拜拜背後發現改變命運的祕密》已經提過，正神幫助人們賺大錢的機會並不大，因為祂們了知：一個人的財運有多少，與福報、努力和心念有很大的關係。求正神就算能得財，也很短暫，去求陰廟中的靈或養小鬼等，確實比較容易得偏財。正神無需人們的香火，祂們已跳脫三界（欲界、色界、無色界）之外，但陰廟中的靈得靠人們膜拜而得香火，才能續留於人世間——這其實是一場公平交易，它們助我們得財，我們的香火讓它們永留世間。要注意的是，這些都是建築在自己的陰德之上，有福報，它們才好推動；沒福報又不積極，它們就算有通天本領也難施展。

不過，這畢竟不能解脫世間的苦，就如同上述的案例，她辛苦了大半輩子，但每個月還是得面對龐大業績、貸款壓力和一直花她錢的丈夫，然後更加辛勤地賺錢並持續拜陰廟，這樣下去，到底要到何時，才能真正的富足呢？

一睜眼就是付錢——心開，財庫就開

老實說，我們一睜開眼，就有一堆繳不完的錢等著，大至購屋費、醫藥費、貸款、房租、卡費、小孩註冊費……，小至水電費、電話費、買菜錢、加油錢……，然而，有人日日忙碌過一輩子，真正存在身上的錢卻沒多少，有人不用太努力，就可以光鮮亮麗地逍遙過日子，為何會這麼不公平呢？

道教認為一切眾生命屬天曹、身繫地府，而天曹的「財」與「庫」決定了人們這輩子的財運。有財無庫的人無論怎麼努力，這輩子恐怕也存不到什麼錢；相反的，有庫無財之人雖然能存下每一分錢，但無偏財運，僅能靠辛勞工作的微薄薪資過一輩子。

此外，道教更認為每個人投胎到今世前，都曾在冥司借貸「祿庫受生錢」②，例如：子時出生的人欠錢一萬三千貫、丑時出生欠錢二十八萬貫、戌時出生則欠錢二萬五千貫、亥時生的人今生欠錢九千貫……，每一時辰都有專司的曹官負責。「祿庫受生錢」未還清，今生所賺的每一分錢都是在補「祿庫受生錢」，得等還清了這筆帳，所賺的錢才會留在世間享用。

同時，我們古代的祖先也相信，我們今世的財祿是由專司財運金庫的財神爺掌管。因此，財祿不亨通時，除了要補足轉世前積欠的「祿庫受生錢」，膜拜掌管各門路的財神爺——例如土地公、武財神、文財神等等——亦能開拓財運。

話說回來，人到底有沒有財庫呢？翻開古今中外的宗教史，各國各地都有自己的招財方法，假使天曹真的掌握人一生的財運，那麼世界上的招財法與宗教觀應會相同，所以說，**招財法是因應當地文化、宗教、民間信仰而產生**，一種補償人們今生財運匱乏的觀念和儀式。

在靈修派中，靈修人為每一尊仙佛菩薩聖誕祝壽時，仙佛菩薩會視當時情況傳下各種補財庫、添財運的術法，並沒有特定的方式，更沒有連結哪尊仙佛菩薩神脈就能讓財運亨通的說法。

至於為什麼有人跑靈山會靈、接主神，會讓財運變得較好？

瑤池金母慈示——

一個人的心若專注於繁雜、煩心的生活瑣事，思想與眼界便不易開闊。心不平靜，如何接引好財運？

在會靈仙佛菩薩的過程，靈修人的元神意識融入仙佛菩薩廣大無邊的願力中，心的專注會從生活的不如意轉向充滿寧靜的神明而不再起煩惱（神性合一），感受到寧靜、喜悅與殊勝。回到現實時，他的心會變得較不受生活苦境的影響，心寧靜而不再煩苦，財運自然就來了。

許多人像無頭蒼蠅一樣，不斷補財運、燒金紙、拜財神、花大錢改風水、改姓名等等，希望能藉此跳脫金錢匱乏的困境，卻往往徒勞無功，可說是驗證了瑤池金母的這段話。

針對這一點，《祕密天天練》這本書當中有一段話十分適合分享給大家：「當你不再感覺自己需要錢的時候，金錢才會到來。需要錢的感覺源自你認為自己的錢不夠，因為有這種想法，你才會

2 此說法在《靈寶天尊說祿庫受生經》有所記載。

持續創造『錢不夠』的狀態。你一直都在創造，而說到錢這個部分，你不是在創造『缺錢』，就是在創造『有錢』的狀態。」

臺灣人拜拜，是將力量向外推給神明，較少檢視自己起心動念中是否符合「求神拜佛時的願望」——**心念不改，再神通廣大的神明，也很難真正給予什麼幫助**，畢竟祂們的角色是協助我們找到出口，而非代我們去完成夢想。許多人就是沒認清這點，才會一直盲求，最終卻是當他人的財神爺，填滿「別人」的荷包。瑤池金母從未跟我說過燒金紙就能化解厄運、避免冤親債主來討債、會註定一輩子沒錢這類的話，反而不斷提醒：

做一件你喜歡並且利於眾生的事吧！如果你在現實生活中找不到由衷感到快樂的事，又要如何讓生活變得更富足呢？心生喜悅時，「快樂」可以吸引富足的能量。

執善成人間神——重點在於相應財神爺的財富願力

常見土地公廟、財神爺廟流行「借錢母賺大錢」的拜拜儀式，然而，一樣都是「借錢母賺大錢」的流程，為什麼只有某幾間廟靈驗？原因可見前一章的「神將的『癒人』大願——是神助人？

還是人助神？」P031，每間廟的神尊都有其本身的願力，願力會潛移默化地影響膜拜者與主事者，當人們行使非神明願力之事時，靈驗度自然較難張顯。

舉例來說，若神明本身願力是「借出錢母得到人們香火」，借錢母得到暫時富足的無形力量就很大，反之，若一間廟抄襲其他宮廟或自創「民間信仰行銷手法」而非依神明願力行事，它的力量當然會小很多。

基於同樣的原因，就算是「相同神像」的神尊也不會有一模 樣的願力——拿關刀的關聖帝君是武財神，拿《春秋》則擁有文財神的願力。到財神爺廟借錢母不一定保證賺大錢，還是得看該間廟宇神像的靈的願力，但一般來說，**開基廟（創始）的願力最強大**。事實上，真正的靈修派不會全省跑透透參拜上香，而是只到一些特定的開基廟或向遠古神參拜。

一日於家中禪房靜坐時，心中閃過一個念頭：臺灣財神爺廟如此多，武財神、文財神、土地公、五路財神、八路財神……，相同外表、名諱的神像，為何靈感度卻不同？全臺許多廟宇都有在借發財金，為何只有幾間特別靈驗？

靈修是為了直觀現象背後的真相，於是我闔眼轉換意識以專注於元神，請示瑤池金母，某間以借發財金為名的土地公廟有此疏勝的因緣為何？

腦海立即現出此間廟宇外觀。

瑤池金母開示道：

多年前，一位村長為人良善，雖非富裕人家，卻常常四處奔波，向當地士紳、財主籌措資金，修繕損毀橋墩及不便行走的山中小路。此村貧窮人口較多，村長總是樂助村民的小孩就學，更積極廣邀有心人士參與。數年過去，村長卸職後仍抱持此心，助人行方便之事，往生後，也還是一心罣礙著村子未了之事，因而扭轉了轉世之業。一日，當地村民蓋廟之後，老村長執著的心牽引它成為當地的守護神。

這不也是好事一樁嗎？瑤池金母進一步解釋道：

以人的角度觀看此事，祂是良善的，但卻也有顆固執之心。祂有此善業，應可隨業力而轉世，卻罣心村子的人事而成為當地守護神。

瑤池金母這段話可用一句話來說明：心「執善」為人間神，心「執不善」則為人間鬼。但不論駐留在人世間的是神是鬼，從修行的角度來看，就是瑤池金母所指的「待修之靈」。近幾年在臺灣，有些廟宇因借發財金靈驗而得名，然後就有許多財神爺廟一一仿傚其儀式，卻忽略了「靈驗力」與每尊神像背後的願力息息相關，並非在借金儀式上依樣畫葫蘆就能同樣的靈驗。

那麼，我們在拜這些執善之神明的時候，又該抱持何種心念？瑤池金母解釋道：

以心「相應」相同之心。

以這間廟宇為例，老村長心願為助人為善、行他人方便，所以在拜祂祈求財富亨通時不要一味地拿香、擲筊，苦求堂上神明應允聖筊借到發財金，也應該好好思考：**我們的祈求心是否利益於他人與這個世間**。舉例來說，若從事出版業，在膜拜時可在心中告知：「日後出版書均為助人心、良善心，願堂上仙佛助此心能夠讓事業推廣更為順利。」假使是作業員、商店店員或從事服務業等，希望祈求財運亨通，亦可發願道：「我願以助人心、良善心和慈悲心對待每一位前來的客人，讓他們都能因我的善心而愉悅，也願此心能得到堂上仙佛照顧，在生活財運上有所助力……。」

相信有不少人向知名的財神爺神借過發財金，卻深深感覺到並非真的有借就有靈驗，此時，我們應該好好想一想：「我們有何利益他人與世間的心願，讓祂願意助我們一臂之力呢？」所以囉，在膜拜財神爺時，切勿狹隘地祈求自家財運亨通、事業順利、榮華富貴。

持誦黃財神咒數十年卻沒用？——淨空內心，才能相應財神願力

那麼，財神爺為什麼能夠賜財給人呢？的確有人在拜完財神爺後暫時解套了經濟問題，但我得再次提醒一件事：一個人若未存利己助人之善念、不積極過生活又沒福報，就算拜遍所有財神爺，也不可能一夜致富。

一日，我站在中部某知名財神爺廟前，腦海天外飛來一個訊息：「相信就是力量，相信的力量會改變生活，人們『相信』我們會給你們財富，人們因相信而擁有財富，而後人們會回報我們『香火』。」剎那間，我瞭解了！原來，神明的殊勝願力來自於當下「純粹而不恐懼的相信」。

每一位神聖神明都擁有一個充滿力量的世界——

- 觀世音菩薩的世界是救苦救難，當我們心中有所苦，祂就是解脫我們苦的力量。
- 地藏王菩薩的世界是地獄不空誓不成佛，祂的慈悲來自於化解世間惡業，若能由衷地直觀到我們正在承受的是過往起心動念所造的惡果，虔誠地膜拜、持誦地藏王菩薩的聖號和經咒時，祂就是化解我們惡習的力量。
- 關聖帝君是忠義的化身，所以在膜拜祂的同時，你也就相信自己充滿了忠義的力量。

財神爺也相同，並非祂們有賜財的力量，而是我們相信祂們是「財」的代表，膜拜時內心升起信心，才讓我們的信念進入祂的願力世界中。不論是否真的因拜財神爺而致富，至少在當下我們已開始**改變看待問題的角度**。

有個真實的故事是這樣的：

> 一個人在就讀大學時信仰了密宗，每天都很誠心地持誦黃財神咒，二、三十多年過去了，不少同班同學都已經飛黃騰達、成家立業、娶妻生子，他的黃財神卻沒有保佑他腰纏萬貫、大富大貴。

為什麼有人可以藉由拜財神爺或補財庫獲得短暫財富，有人卻依然沒有改變？其實，除了**當年運勢與所累積的福報功德**影響很大之外，**當下的正信能量與積極執行力**也是重要因素。

有一句話希望大家能牢記於心：透過信仰膜拜得到神明的願力，是一種**能量交換願力**的過程。當一個人的功德福報與當下的能量不足之時，膜拜神明所連結到的能量就會比較微弱——一個人的「相信」力量具有多少正面積極的正信力量，對膜拜財神爺、補財庫後能否增添財運有很重要的影響力。

然而，話又說回來，你確定你所膜拜的神祇真的有「財運」方面的願力嗎？當祂的願力不在「財運」，再如何虔誠膜拜，再怎麼準備儀式和供品，最終還是不會有效果的！

從修行觀點來看，拜拜的當下必須**不起任何批判心**，所求之事也得發自內心，並有益於自己與他人。

近幾年來，我看過無數身價千萬的人，他們之中很少是因膜拜、會靈、跑靈山而致富的，大多是專精於本業，不做傷害他人的事來獲利。不論財運亨通、事業順遂或感情如意，出發心都必須**「益己利人」**，這也教導我們：求神拜拜雖然建立在「求」這個基礎上，還是得先淨空內心的批判和攻擊，消除自私的念頭。

此外，在拜神的當下，心必須專一，才能與我們內在的神性合一。

我們常跟神明祈求風調雨順、國泰民安，不也是在自己身上注入一股力量與無限的願景？若我們無時無刻將願望反求諸己，告訴自己有能力突破一切難關、命運掌握在自己手中，未來的人生將會因我們無私無怨的願力而變得更好。

有人曾問我：「為什麼我總沒辦法有錢？」瑤池金母善巧地回答他：

你做了什麼事，讓你覺得自己應該可以有錢？

人們最終要靠自己的雙手與心念在世上打拼，而不是過於求助、依賴外在力量。

倘若一個人走在大運上，亦不斷修持今世的福報、功德，在生活與工作中抱持一顆積極進取的心，起心動念都遵循著「利益於自己與他人」，相信在心誠則靈的基礎上，拜任何一尊仙佛菩薩都會如願。

How To Do 字色靈修拜拜心法

拜財神增加富足能量的四大關鍵

該如何拜財神爺才會有錢？拜財神爺時又該說什麼呢？

這是一個非常有趣的問題，假使你有看本章的內容，相信對於拜財神、補財庫、換錢母應該已有初步的認知，但我必須進一步說明，信仰是提振低迷生活的潤滑劑，許許多多問事者告訴我，他們花大筆錢補財庫、燒金紙化解冤親債主、接主神接財氣、大改家中風水……，最終只是補到別人的財運。

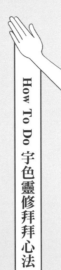

我並非反對人們在經濟困頓時拜財神，而是想提醒大家，勿執迷相信某位神尊、某種儀式能讓我們大富大貴。

如果真的想祈求神明幫忙，請注意：功德福報、內心正信力量和起心動念皆不傷害自己與他人，以及神祇本身是否有賜財的願力，都是決定一個人是否能因為拜神而短暫獲得財富的關鍵。

如果現在你正處於財運低迷的情況，我在這裡分享幾個拜財神爺以增加正面積極能量的方法：

●明確說出想要提升正財或偏財的內容

很多人拜財神爺時，總是開口說：「請財神爺賜給我大富大貴的人生。」「請讓我有錢！」內容空洞，有說等於沒有說。

你應該這樣說：「我目前從事○○性質的工作，希望○○財神爺幫助我這個月的業績提升二○%。」你也可以說：「我目前投資的股票有○○○與○○○，請財神爺幫忙在○○月底前讓我順利賣出。」這樣的請求方式能讓你在拜拜時釐清自己的投資與開源方向。假使你是一位白領上班族或公務人員，無論如何努力薪水都是固定的，在求財神爺前，請先想清楚是否瞭解或已開始有其他投資管道，不然，花再多時間拜拜，收入也不可能增加。這種求法的第二個好處是，有明確的內容，求財神爺時才能加強這方面的力量。

●不要在拜拜時一味地抱怨沒錢

這是很多人在拜財神爺時常常犯的嚴重錯誤——拿起香後就一味地向神明抱怨沒有錢、生活如何困頓等等。

要知道，鼓勵、讚美、抱怨和批評都是一種心念力量，而神祇的世界以心念溝通，**你向神明投射何種心念，這些心念力量最終都會回到我們身上**，你一直跟神明發牢騷、抱怨沒有錢，就等於不斷暗示自己永遠都在沒錢的輪迴當中，多麼可怕的一件事——尤其在拜財神爺求致富的當下。

在神明面前，不要抱怨人生種種不如意，請明確說出想請財神爺增加財運的地方，例如工作升遷、增加第二份兼職工作、投資標的物能增加多少獲利等等。拜拜時，與其把專注力放在不如意的地方，不如將心力放在想要達成的目標上，才是拜拜靈驗的要領。

●拜完財神爺千萬不要草率離開

每尊正信的神祇都是一種願力顯現，不論是佛教、道教、西方神祇皆如此，如欲透過膜拜連結神明願力，請在上香膜拜之後，靜靜站在神明前感受那寧靜的力量，就如同日前某山頭財神爺教導我的：「人們在膜拜我的當下，他們的心就放下了一切雜念。」想要富足，必須先有一顆寧靜的心，如此才能從紅塵俗事中啟發致富的方法。**心無雜念的寧靜，是連結神佛願力最大的來源**，因此，拜完財神爺後不要急著匆匆插香走人，請站在祂們前面把心靜下來，感受祂們的力量。每尊神明都是一種精神、力量的象徵，觀世音菩薩代表慈悲、瑤池金母是圓滿、關聖帝君是忠義精神，想當然爾，財神爺就是富足的力量，拜完財神爺後好好感受祂的富足願力，有助於洗滌與增強我們身上的金錢能量。

● 花錢燒金紙、補財庫不如實際以行善功德交換財運

燒香與燒金紙是拜拜的習俗，然而，這幾年的環保風潮也颳到了拜拜儀式中，不少廟宇響應減少香的支數，有的甚至取消燒香與燒金紙。

其實，一顆虔誠的心遠比香與金紙更重要，站在「拜拜要靈驗」的立場，我反而建議：不如以善行取代燒金紙與過多的香。

我在《透視靈驗！我從拜拜背後發現改變命運的祕密》中提過正神助人的三個基本條件，神靈助人不只是為了得到更多香火，也希望人們行善於人間，因此，如果你希望拜財神爺能夠靈驗，不如在膜拜時同時許一個還願內容，以自己的「功德」回饋社會，當成與神明交換願力的方式，同時提醒自己行善積德的重要性。例如：「希望在年底前投資能賺二〇%，之後取盈利的一成捐助貧苦人家，願此功德迴向給神明以報答神明的保佑」或「目前想要轉業從事〇〇〇性質的工作，

希望財神爺保佑在〇月底前轉職順利，事後會捐贈〇〇〇元給〇〇〇單位，願此功德迴向給神明以報答保佑之恩。」

解脫苦必須得由自身做起，當我們心中不再淪陷於苦當中，也能帶給他人快樂。欲拜財神祈求富足，自然也要懂得把自己擁有的富足回饋給社會，如此一來，就算拜財神爺無法讓你致富，上天也會來幫助我們，這就是自助而得神助的道理。

Q&A Time

你的意念和能量夠富足更重要

Q1、為什麼拜財神都要燒金紙、財庫金？

A1、在民間信仰中，各地有許多習俗都與燒金紙、燒香有關係。

以傳統薩滿[3]儀式中的能量理論來說，世間所有的物質都是由四大元素所構成——水、火、風、土，這四大元素又是轉換能量最基礎的核心。

臺灣原住民部落中，巫士與祖靈溝通的儀式中大多有酒、煙、草，早期甚至還有血祭祖靈等等，酒代表水，煙就是風、燃燒草就是火，有時他們會在儀式最後將酒灑向大地（土）。

現在的拜拜儀式中，依然可見四大元素的蹤跡，手持的香就是風，早期祭祀都會準備的酒則是水，各式的金紙是火，而我們所膜拜的對象（木刻、泥塑等）就是土，同樣構成以自身的意念轉換能量。其中又以火（金紙）與風（香）最為重要，在坊間宮壇祭改、祭煞、改運等儀式最常見。這是因為火與風都是主動且積極的元素，當一個人的意念不夠強大，本身能量又不足時，拜拜時便可藉由火與風作為主要媒介，來達到轉換能量和傳遞心念給靈界神明。反之，當一個人的意念夠專注、信念夠堅定，香、金紙便不再是必需品。

求神拜拜是一場人與靈之間的能量轉換儀式，外在形式的物品——供品、香、各式金紙都是為了提升膜拜時的專注力，正確傳遞我們的意念給神明（靈），並作為一種人與靈的能量交換。就能量與元素的觀點，我並不否認香與金紙在拜拜儀式中的重要性，但絕不能無限上綱地誇大它們的功能，而忽略了「人」的重要性。

Q2、人有沒有可能是註定好一輩子有錢或沒有錢呢？

A2、以「命運」二字來說，命為先天，運為後天，意指：先天註定好之格局即為命，後天所造之格局稱為運。然而，看似不可改變的先天格局——命，其實仍有改變的空間：**習氣不改命難改，福德不造運難起**。

人有沒有可能一輩子註定沒有錢呢？

瑤池金母這樣說：

財富多寡與苦（煩惱）無關。

雖未直接回答問題，卻也點出了重點——我們來到人間，是為了解脫累世習氣與無盡的煩惱，而不是賺更多錢。就算有人註定富足，他的富足也應以照顧到更多人為目標。

那麼，人又該如何累積財富？

瑤池金母表示：

財運與人有很大的關係，能以善巧方式聚眾之人便能得到財富。

也就是說，各行各業若想賺更多錢，必須懂得如何吸引十方的人源——廣結善緣。

佛陀在二千五百年前曾說過一句話：「一切有情皆依食住。」放大解釋這句話，就是一切眾生都是依「食」而生存，即源——有食（泛指身體與心靈），就有眾生，懂得人心要的是什麼的人自然能聚眾。這句話與瑤池金母之意頗有異曲同工之妙，想富足，前世與今生累積的功德、福報只是其中的關鍵之一，欲在今世學習到善巧的知識以賺取正當的財富，仍然必須靠後天的努力。

因此，拜財神只是將我們內求的力量向外推。在拜財神的同時反省自己是否有努力學習投資、理財的知識，並鑽研自己工作上的技能，如此才能在財神的願力推波助瀾下獲得富足的人生。

Q3、財神爺真的可以賜給我們財富嗎？

A3、神明的確可能賜給人們財富，但嚴格來說，那並不是「賜」，而是一種形上能量的交流。瑤池金母說：

沒有一個人註定今生沒有金錢，只要願意努力，並且不受世俗眼光去從事有興趣的工作，便能創造屬於自己的財富之路。

此外，瑤池金母也指出：知識正確，如正確的投資理財觀念的追求與增進，同樣十分重要。拜財神爺是人與靈的能量轉換，當你本身的能量不足，就算跑遍全省的財神爺廟依然很難有錢。這裡所說的「能量」，指的是本身的修持、助人之心、福報、善念、積極的心和健康的身體。因此，在求財神爺前，別忘了捫心自問：「我此時此刻的能量如何？」

Chapter3

地基主是神是鬼還是地縛靈？就當它是資深住戶

你無法信任一個昏睡中的人，但這個世界完全是一個昏睡者的世界，就因為如此，這個世界上才有這麼多困惑和衝突、這麼多口角和混亂——這些都是由昏睡中的人所造成的！

——奧修

雖然老天爺在我二十初頭時降下一條坎坷與不輕鬆的靈修之路（而且還不是我自願的），註定了我這輩子和仙佛菩薩與鬼魅結下難解之緣。然而，走在靈修路上，我不斷被教導與耳提面命要成熟面對人情世故，並且跳脫世俗觀點看待宗教與鬼神。

成熟，不被眼前的事物所影響，就如同《卡拉瑪經》所記錄的——卡拉瑪人向佛陀提出　個問題：「每種宗教都宣稱自己是真理，並批評『他說』是謬論，我們到底該聽誰的？」於是佛陀告戒弟子與卡拉瑪族人修行的要領——十大不可信[1]。在這十種不可信中，也包括了佛陀本人在內。佛陀所教的十大不可信並不僅限於宗教修行，可以廣大應用於日常生活當中。如果你已經踏上了宗教修行之路，請細讀與反思這十大不可信，相信這會讓你對所接觸的道場、宮壇、講壇和追隨的大師、宮主有不同的看法。

我一直抱持這個態度看待鬼神世界與修行，其實，佛陀的十大不可信就是一個成熟人應有的處世態度，同時，這也是「戒」的表現。當心升起「戒」[2]時，看待事物就不容易執迷，不執迷才能安定，有安定心才能培養智慧心。一旦你具備了這種基本的質疑與思辨態度，將能跳脫世俗觀點看待臺灣民間信仰與宗教。

新居出現素白男性靈體——不恐懼，它和你就沒啥兩樣

前不久，我在靠近中部某山區的社區安頓好新家，待裝潢結束後，請了幾個男性友人幫忙做最後的整理。新家雖然是中古屋，但前屋主買下多年卻從未入住，也算得上是間有年紀的新屋，重新裝潢後陌生的格局，總覺得有哪裡格格不入。隔了數日，之前來幫忙的一位友人才提起一件不可思議的事情……。

就在朋友們來幫忙整理新屋的那個傍晚，我與當中一位外出採購一些器具，其餘的人則留在家。當友人單獨在一樓客廳與廚房時，不經意地瞥見玄關處站著一名白衣陌生中年男子，他不以為意，繼續完成手邊的雜事，「雖然不知道他是誰，但隱約感覺沒有惡意，後來，他也只是站在玄關一會兒便消失不見。」

這件事讓我好奇極了！當天採買完回到家時，我並沒有看見或是感受到任何「不速之客」——連一絲詭譎氣息都沒有！

好友口中一身素白的男子究竟是誰？我進一步跟友人確認，他感覺到的是帶著惡意的鬼，還是神明？友人肯定不是有惡意的鬼，但不確定是不是神明。「當時我正低頭整理東西，第一眼看到它站在玄關處，我不以為意，第二眼看到它探頭時，才確定自己並沒有看錯。」接著他又說，「我沒有你那種細膩分辨靈界朋友的能力，但多少有一點直覺。當下，我可以明顯感覺到，它只是想看看我在這間多年無人居住的房子做什麼，像是關心，又像是好奇。」

是在外遊蕩的鬼魂？是地基主？還是守護這間房子的地縛靈？一堆問號盤旋在心中，唯一可以

---

1 十不信包含：不可輕信傳聞、不可輕信傳統、不可輕信猜測、不可輕信宗教典籍、不可輕信思考、不可輕信哲理、不可輕信譬喻、不可因為符合自己的觀念而輕信、不可輕信權威、不可輕信老師。

2 簡單來說，就是自我約束不善的身口意。

肯定的只有，每一個來過新家的朋友都覺得氣場舒適平穩，說每一處的空間都有佛教道場的安定感。當我向瑤池金母請益這件事時，祂告訴我：

非地基主，是守護靈。許多房子或土地因某些因緣，會有一位守護靈守護著，如同土地公一般愛護著這片土地。

那它們的靈格（或稱為身分）與地基主有何不同呢？瑤池金母的回答是：

格局更大。

這讓我想到阿貝托・維洛多博士在《印加能量療法，一位人類學家的巫士學習之旅》中的一段話：「一旦你明白，所聽到的豹的聲響和鬼魅的陰影，事實上是存在於自己心中之後，你便可驅走它們。」他進一步說：「一旦你清除了恐懼，就算看到什麼叢林野貓，你也知道牠與你沒什麼兩樣，兩者都是同一生命力的表達。」想要看清事物的本質，唯有先去除心中的恐懼與過往對事物的偏見；對於未知的事物，只要心中有一絲恐懼，你的解讀就不再中立與中肯。

神明引領淨灑新居？——入厝儀式不能有失對房子和萬物的尊重

以臺灣的入厝習俗來說，一般會在入住前一天或當天拜地基主，那是一種對房子的禮敬與尊重萬物的態度。對古代崇拜薩滿的先祖來說，萬物皆有靈，此靈並非鬼、神，而是存在大自然間的靈性物質，「靈性物質」指超乎人們經驗值之外的事物。從古時開始，人們就學習了一套與生存大地共存的意識文化，那是一種發自內心的尊敬，也是人與人、人與自然間共存的良性互動。

在佛教中，則以淨宅取代拜地基主的儀式，我入住新屋當天，依照佛教和臺灣民間信仰看待房子的方式，簡單準備素食供品，禮敬這間未來即將陪伴我的房子。

前一晚，我還邀請一位多年信佛的朋友幫忙，舉行了佛教的灑淨儀式。

我在友人贈送的入厝禮——《普門品偈頌》——前供上三杯淨水、一小支乾淨的樹葉[3]、《觀世音菩薩普門品》，並點上清新宜人的水沉香。儀式前先依靈修派的方式轉動元神意識，祈請並觀想觀世音菩薩的慈悲願力慈降，頓時整間房子的氣場籠罩在一股舒爽的能量場中。持誦《普門品》後，拿起葉子沾濕淨水，開始走過新屋的每一個角落，同時一邊灑淨水一邊持誦《大悲咒》。

[3] 柳枝、艾草、芙蓉皆可。

友人表示，他持誦《大悲咒》這麼多年以來，第一次感覺到如此殊勝，除了在灑淨水時感受到觀世音菩薩的願力外，走路時他完全飄浮沒有著力，似乎有一股看不到的神明力量在帶領他灑過房子的每一寸。

他問我，是否是因為我轉動元神意識祈請觀世音菩薩的願力，才有這樣神祕不可說且殊勝的感覺？我回答他：「元神就是精氣神，一個人若能發自內心地正信，精氣神便已具足了力量，當此力量以意念連接到仙佛菩薩，我們的心便與祂們同在，如同孔子所言『祭神如神在』般禮敬天地、鬼神的精神。靈修派固然有其神祕與不可思議的力量，最終還是要回歸到人心，擁有正念、純淨與堅毅的心，就能與神明願力同在。」

高敏感男孩二度在家遇靈記——靈界不只有鬼神

我一位女性友人的兒子，從小就對氣場非常敏感，不管到什麼地方，只要氣場異於平常，便會身體不適。小男孩國小時住在竹南的爺爺、奶奶家，假日會回北部或夫妻倆再到竹南與他會面。

當時，小男孩的爺爺、奶奶家在某間國小的宿舍，必須先經過一排竹林和單身老師宿舍，才能到達。

一日正午，小男孩和媽媽手牽手走過竹林要外出時，突然大哭起來，不敢再向前走，表示有一個穿著黃色雨衣，臉被雨帽蓋住的大男生蹲窩在竹林陰暗處。友人耐心安慰兒子，好不容易才平息了他的不安。當日下午回家經過竹林時，友人再詢問兒子黃色雨衣男子在何處？他怯怯指向某處，表示男子已消失。

友人這個兒子對氣場的敏感程度始終異於常人。他上大學後的某一天，陪同女同學去看想要租的房子，一到現場，他的頭便開始不適、暈昏，但女同學卻興奮地說，這間屋子比她原本租的那間更大，房東還自動降了租金。他連忙委婉勸說，原租屋處雖小但打掃方便，而一個女孩子住這麼大間的房子未必比較好。

只不過，女同學仍表示，若家人看過後都覺得沒問題，還是會搬新家。後來，友人問她兒子為什麼不明言那間房子的不妥之處？沒想到她兒子回答：「這是她個人的選擇，我點到為止，每個人因緣到哪裡就會選擇什麼樣的路，這都是自己的運。」友人想一想，也覺得這樣似乎比較好。

聽到瑤池金母對房子守護靈不同於地基主的說法後，我這位友人又跟我分享了她兒子小時候的親身經歷——

當他差不多還是國中生時，某天晚上，他一個人在房間換衣服，突然斜眼瞥見一個三十歲左右的男人站在門後。對這位不速之客，他沒有感覺到任何不安，所以不以為意，待更換衣服完畢再回頭看時，男子已無聲無息地消失了。又有一天，他一個人在客廳，再度瞥見男子悄然地出現，或許因為已有前次不期而遇的經驗，他更心無恐懼地直視它，直到對方消失。

友人問兒子兩次與男子相遇是否感到害怕，他坦率地回說不會，因為感覺對方沒有任何惡意或傷害自己的意思。聽完我轉達在家中看見的無形眾生不一定是鬼眾時，才放下心中多年的石頭。

原來，以她兒子對無形能量和鬼神如此敏感的體質，對於家中的「那個」竟然絲毫沒有不適，她一時之間未能從神、鬼的二分法中跳脫開來，直到聽完我的解釋後才恍然大悟。

透過以上故事，我想傳達的訊息是，靈界的世界不單只有神與鬼。

那麼，地基主到底是什麼？讓我們繼續看下去……。

半夜被「好兄弟」碰觸——你如何看待同世間的無形眾生？

另一個預約問事者的經歷則是這樣的：

她與家人搬到中部某山區租屋約一年，最近常在半夜即將入睡之際感覺有人摸她的腿與臉，搞得她整夜無法入眠，影響到白天的工作。後來，她開始假寐等候它，發現它每晚都在差不多的時間現身。

我詢問瑤池金母她家中是否有其他外靈或風水問題，祂回答：

該土地已有相當的歷史，早年有人在此開墾與離世，其靈仍留戀此處，目前寄居在廚房——即所謂的地基主，無害人之意，每月固定以供品祭拜即可。

我一轉述完瑤池金母的意思，她便忍不住驚呼：「這樣我就有印象了！剛搬進這裡時，我在廚房料理三餐時就常感覺到背後有人窺視，每次轉頭確認，卻不見半個人影。我從小就很敏感，也看過鬼，多次感覺到廚房內有靈體存在，也明白它沒有惡意。從那時起，心中就一直有聲音提醒我去為它做一些事，卻又說不上來該做什麼。後來有一天，我踏進家門就聽到有個男人刻意降低音量的低嗚聲從廚房傳出來，一開始我還以為是男朋友想對我惡作劇！那次之後，我更確定廚房裡有其他『人』存在。」接著她問我它對家人有沒有危險，我於是解釋方才瑤池金母的話：「如果它有害人之心，瑤池金母就不會要妳每個月固定找一天祭拜它了！此外，就我個人的經驗，家中有良善的『好兄弟』，有時反而會帶來意想不到的財運。」

事實上，她搬到這間房子一年多以來，工作與財運都有明顯的改善，也聽說前幾任的住戶都是因為發展不錯而買房子才搬走的，再對照瑤池金母說的話，她心上的石頭頓時減輕了不少……。

在家中出現的無形眾生，除了鬼、神之外，尚存有許許多多我們不熟悉的空間與靈體。奥修曾說過：「所有奇跡都有它們隱藏的法則。瑜伽說這個世界上沒有奇蹟，因為『奇蹟』意味著某件違反法則的事情，而那是不可能的事，怎麼可能有事情能違反宇宙的法則呢？那只是因為人們不知道其中的狀況。」這段話正好突顯出，我們在看清真相前必須先瞭解：**天地萬物都存在於某一種良性互動的軌道上。**

值得深思的是：我們是站在這寬廣軌道來接納同屬一世間的人鬼神？還是站在一己小眾的眼光來看待另一個世界呢？

關聖帝君入夢欲移神像——因無形眾生而不順的是少數人

一位男性預約問事，他有一個穩定的工作卻為精神不濟而苦，常常在公司突然感到心臟無力，得閉目養神至少幾分鐘到一個鐘頭，精神和身體才能夠慢慢恢復，這也導致升遷名單上看不到他的名字。更煩人的是，多年來求助中西醫都不見有所改善，他也考慮過，不如請辭好好念書來衝刺一下，無奈一回到家，反而有嚴重的嗜睡情況。

他早期有靈修，也跑過一陣子靈山會靈，現在改練氣功，雖然情況已稍有好轉，但健康問題仍然困擾著他。我建議他可以繼續練氣功，暫且不去管是否有鬼神之事，先穩固良好的精、氣、神才是根本。

在為他靈療時，我發現他有長年腸胃舊疾，因此建議他找個有耐心且醫術好的中醫生來調理。待詢問到家中是否有不妥之處導致他精神不濟，我閉眼時竟看見他家牆壁中出現一團黑色氣體，看似人形。

再細查下去，瑤池金母慈示：

家裡有外靈，家中格局較容易聚陰，易招來非良善的靈體。

此時，他才娓娓道出，在入住這間房子不久，不順遂之事便接二連三地發生，他一直想要換屋，卻隱約有股看不到的力量在阻擋他，不是他一準備好要下手買看上的新屋隔天，屋主或仲介就表示有人出了更高的價錢，就是一直無法找到滿意的房子。

至於現在的住所，一樓目前沒有在使用，他主要都在二樓以上活動。

多年前，他無意間購得一尊未開光的關聖帝君，一次夜晚竟夢到家中關聖帝君發出一道道光芒，要他將神像安奉到一樓，無奈這間房子的所有權為長輩所有，多年下來，他遲遲無法將關聖帝君請到一樓。每每回家時，只要在一樓小睡就會感到寒冷與不安，連精神不濟的情況都越發嚴重，但到二樓就能改善許多。

我再度閉眼，看到他家一樓一進門的牆壁前有黑色氣體，而且更加明顯地凝聚成一個人形，於是詢問他在購屋或住宅在裝潢動工時有拜拜以示尊重嗎4？他搖搖頭表示，購屋時有拜地基主，日後就沒有再拜了。此時，瑤池金母表示：

此靈為居住於土地多年之靈。

瑤池金母所指的，即人們口中常稱的地縛靈。

接著，我請兩位靈修學員進來協助，一位代替屋子的角色，另一位則當問事者的替身，這是靈修派特有的調動元神術法。

結果，扮演屋子替身的學員站得很傾斜，有種站不太住的感覺，似乎是屋子的地板有問題；另一位作為問事者替身的學員表示：「左前方有一個男生站在牆壁前方。」此時，我們才又得知另一件令人感到玄奇的事。

原來，這間屋子的地板確實如學員感應到的一樣，是斜的，地板也常常會隆起，有時他們會請人將地板敲開重新鋪上磁磚，但沒多久地板又會再度隆起，而且每次都在同一個地方。瑤池金母提出解釋：

此現象為地氣引起，此地氣與地形易聚陰，氣場較特殊。

扮演問事者替身的學員所感應到的和我方才感應的一樣：「日前一樓有裝潢動工，未禮貌上祭拜地基主。」靈修學員甚至在感應中說出一位男性的名字，這位地基主多年未有人祭拜，請當事者能設牌位超度。

最後我告訴他，這個問題並不難解，只要每月初二或十六固定拜地基主即可[5]。我也建議他：這間屋子的大格局、地氣和種種因素不適合居住，還是搬家以斷心患比較好。

每一個人家中都有居住在此塊土地多年的地基主嗎？我相信這種例子並不常見。雖然事出必有因，但我必須闡明一個觀念：讀者無須對號入座，也不要過度詮釋與放大。

[4] 裝潢動土對大地和萬物來說，是一種干擾，所以最好拜拜稟明以示尊重。

[5] 對許多人來說，感謝需結合儀式才有感覺，因此需藉由拜地基主表示內心的感謝，故購屋入住前有拜，基本上日後需固定祭拜，但若平日有拜家神，就不一定要再拜地基主（P108～P114）。

家裡多了一位無形房客——學不會放下，你可能也會成地基主

前幾年到友人家做客，由於她常常出現無法集中注意力的情況，所以我曾幫忙淨化靈療過，雖然頭兩、三天改善許多，但過了一陣子後，舊疾又會復發，有了前一、二次的處理經驗，可以判斷應該有其他我未留意到的狀況。直到再次到友人家中時才發現，原來她的租屋處有其他「房客」。我詢問友人是否曾感覺這間房屋有怪異之處，但她倒沒有覺得不適。我笑了笑，表示先上二樓去看看，再來確認我的感覺是否正確。

通往二樓的樓梯呈L形，正當我轉彎要上樓之際，一陣風急速地迎面撲來，就像有一個人快速與我擦肩而過，我愣了一下，才確認那不是風而是鬼。

我來友人住處多次，從未上過二樓，由於太陽無法直射，所以室內比室外溫度更低。

上了二樓後，我邊拿香淨化空間，邊詢問友人：「是否常有一位陌生男子出現在夢中？」

面對突如其來的問題，友人愣了愣，又想了一會兒才說：「是有幾次。」

聽到這樣的回答，我轉頭跟她說：「有就說有，沒有就說沒有，應該不會有似是而非的答案，要不妳可以回答不知道，畢竟是在睡夢中，記不起來也是有可能的啦！」

此時，她才回答說：「是夢過幾次，但我都沒有留意。」

淨化到她房間之時，我再度提出疑問：「是否曾有入睡後被人摸腿的經驗？」我一轉入元神意識，許多訊息便不斷地湧現。

這次，她馬上肯定地回答：「沒錯！的確有幾次在睡覺的時候，感覺到有人在摸我的腳。」走到二樓樓梯處的小空間，我感覺這裡氣場有點陰，於是叮嚀她：「屋子陰暗處可以放一盞鹽燈或小夜燈，至少晚上如廁時心會比較安定。」

後來回到一樓，一旁一直保持沉默的友人的女兒，突然開口問我：「你剛才是不是有被鬼撞了一下？」

她的問話，讓我嚇了一跳。她有敏感體質，在某些時候的確可以「看得到」，但為何住在這間房子這麼久了，卻一直沒發現什麼呢？

「妳看到了什麼嗎？」我反問她。

「一個男生牽著一個小孩從二樓衝下來，穿過你的身體。」她回答。

接著，我們來到一樓客廳與廚房中間的儲藏間，前屋主將之作為孝親房，但友人入住後，因為人口較少而改為儲藏間。

我站在儲藏間門口，有一股強烈的直覺讓我踏不太進去，於是張望許久，試著以意識向裡面的靈體溝通。我詢問友人是否知道這房間的前身是誰在用，友人表示，屋主出租過給多任房客，所以她不清楚。我看了看儲藏間，發現裡面有三個彈簧床墊、冰箱和一堆雜物，根據友人的說法，有些是前房客留下來的，有些是他們自己的東西。

「既然這房子目前是你們在住，不屬於你們的東西就丟掉吧！尤其是床墊，妳不知道誰睡過、誰躺過，這樣不太好。其他像衣物之類的，只要是人體接觸過的東西，最好處理掉。」

就在此時，友人的女兒又再度發問了：「是不是有人在這間房間過世？」她猜中我不少心中的想法，但我沒有直接回答，只是反問：「妳有什麼看法？」她表示，自入住以來，便感覺到這房間不太乾淨，但平時很少進來，多半只是拿了東西就離開，「今天不知道是不是你在場，還是有什麼其他原因，剛才你一站在門口，我就看到有一個老人曾死在這房間。」

我點了點頭，肯定了她的說法，接著拿來放有艾草的水，淨化一下房間。友人問我日後該怎麼處理？我回答：「心安理得便相安無事。」我看過不少人的家，某些逝世後對人世間仍有依戀的靈體，其實無害於人們，有的甚至會招來財運，我進一步補充：「固定初一、十五或初二、十六祭拜地基主即可。」

就如同我在《我在人間的靈界事件簿》提過類似的案例，友人家工廠中亦有久居的先祖外靈，雖然偶爾有不平靜的事情發生，但短短幾年內工廠也賺了不少錢，因此無須太懼怕與過度詮釋家中無形眾生，說白一點：「如果學不會放下，日後我們也可能成為地基主，不是嗎？」

靈界朋友也愛聽課——它們和人一樣有好奇心

多年以前，我應邀到北部的一間公司演講，主題是心想事成。邀請人是我的一位網友，她有陰陽眼的體質，非常喜歡我以不過分詮釋鬼神世界的角度來看待靈修與修行，也一直以為我能看見無形眾生，而我坦白告訴她：「我平時看不見也聽不見另一度空間的存在，許多靈修人同樣也看不到、聽不見靈界傳來的訊息，因為他們修習的並不是看與聽，而是心通（感受），我能夠在意識轉換後感受到祂們（神）和它們（鬼）的訊息，但在平時，我總自嘲自己只不過是看起來與眾不同，骨子裡其實是道地的麻瓜[6]。」

那一場演講進行得非常順利，結束後載我去搭火車的路上，她告訴我一件不可思議的事：「方才在演講過程中，我看到好幾位靈界朋友站在演講入口處，似乎是在聽你的演講，直到演講結束，它們才漸漸從原地消失不見。」

那時候，我還無法以元神意識與瑤池金母連結，當她告訴我這件事時，腦海裡閃過的第一個念頭是：「鬼與人一樣，何處有熱鬧就往何處去。」我問她：「妳當時能感受到它們的情緒或意圖

6 《哈利波特》中的一般民眾、不具魔法師體質的人。

嗎？」她輕描淡寫地說：「就是想聽你演講而已，沒什麼。」我接著又問：「那麼，它們是從何處來的呢？」她說：「就是那一棟辦公大樓的『長久住戶』，也就是我們口中常說的地基主啦！」那是我第一次聽到，原來從另一個角度來詮釋地基主，就是我們感到害怕的鬼魅！但就算地基主是鬼，又有何懼？承如她所言，大家都是住在同一屋簷下的住戶，只是它們比較資深罷了。

多年以後，我有了第二次機會感受到地基主也喜歡聽課。

那段日子，我正在教授「靈修・覺醒旅程」的課程，那一期的課程多在中部某大樓進行[7]，學員當中恰巧有一位有陰陽眼體質，她來上課，不只是因為想要瞭解靈修，也想要聽看看我對鬼神之事的看法。

有一天，我的課上到一半，她突然露出不安的眼神並不斷與隔壁學員交談，細問之下才知道，原來她看到一位黑色形體的靈界朋友處在我上課講臺與學員之間的位置。

於是，我閉上眼去感應，發現在場的靈界朋友不只她說的那一個，教室隔壁的小教室還有兩位。她閉上眼去感受後，也感覺到另外兩位。接著，我以意念與它們溝通，腦海閃過的訊息是：「我們只是好奇你們在這裡做什麼。」

後來，又一次課程結束後，那位陰陽眼體質的學員跑來找我，說她在課程中看到教室旁邊未開燈的會客室站了一個男人，直到快下課時，它才轉身宛如走樓梯般一階一階從地板「向下」消失。

我以元神意識向瑤池金母請示它為何事前來？

瑤池金母表示：

此棟大樓聚集了幾位無惡意且久居的無形界眾生，也就是人們口中的地基主，僅因感受到上課時學員訓體時產生的靈力而來，純是好奇，並無他意。

然而，只有俗稱地基主的鬼會對修行感到好奇嗎？

有次這位學員再度看到無形的朋友前來，特別的是，這次來的竟然是神明！當時我正在課程中教導安般念[8]打坐，結束後，學員告訴我，方才在靜坐時感到教室充滿金黃色光芒，隱約看見一位閃耀著金光、身著黃金般鎧甲的天兵天將出現在我身後，既像保護，又像在監督，在教學到一半後才逐漸離去。

事後我向瑤池金母請益，祂告知：

---

[7] 靈動不一定要在宮壇裡或神像前，只要心靜專一，元神便能與無處不在的仙佛菩薩願力連結，因此，我教導「靈修・覺醒旅程」並不受場地約束，只要安靜、夠寬敞，就是好的場地。

[8] 巴利文，又稱為「安那（出息）般那（入息）念」，意指佛陀教導的觀呼吸方法。

靈動是一種元神殊勝修練法，當紛亂的心安住之後，便能與自己的元神合一，時機具足之際，有緣仙家因這股靈力而至，祂是你們訓體時守護你們的天人。

道家修練有云：隱藏在人意識內的元神，才是真正主宰人一切的力量，位於人身三寶（精、神、氣）之最高位，靈動、訓體就是道家修練中「煉精化氣，煉氣化神，煉神還虛，煉虛合道」的過程，當一個人或許多人在心極靜的狀態靈動，元神將散發一股相當強大的靈力，同時接引有緣之仙家靈氣降至——這就是靈動、訓體之奧義[9]。

學員告訴我，她本以為沒在神像前（上課的地點並不在宮壇）靈動會招來無形界朋友附身，但上了這麼多堂課，至今卻平安無事，究竟是什麼原因？

我告訴她：「我們所處的空間本就人與靈交疊，有人的地方就有無形眾生，這是很正常的現象。由於靈動時會產生一股能量並構成一種獨特的氣場，不只無形眾生會感受到，也有機會與仙佛菩薩連結。**靈動會招惹鬼靈附身純屬無稽之談！**身為靈修人更應該跳脫世俗對鬼靈之偏頗概念，否則，又何必走靈修呢？」

比鄰我們而居於這片土地、建築物之無形眾生，不論稱之為地基主或鬼，皆與我們一樣具好奇心，有人就有鬼，有神也有魔，我們對它們偏頗的觀念大多受到網路來源不明的文章、電視媒體等影響。心端正且不造惡，不論是鬼或神明都以不分別的心來看待祂（它）們，才是拜神、拜地基主的基本態度。

是家神，也是地基主？——拜地基主是幾千年信仰大融合

地基主到底是什麼？就目前較有系統的說法有三種：地縛亡靈說、臺灣早期平埔族祖靈說、地神說。

● 地縛亡靈說

長久以來，人們一直相信，每一塊土地上都有早期居住在該地的先祖，可能因戰亂、獨居或其他原因而在該地或屋舍過世，往生後無後人奉祀，因對世間尚有不捨之情而繼續依戀於人間，而成為所謂的地基主；另一方面，它們亦保護著它們土生土長的土地與屋子。這個說法來自於日本學者鈴木清一郎對當地臺灣民間信仰的研究，最為臺灣人所接受。

9 如對靈修有興趣，請參閱《我在人間與靈界對話》與《我在人間的靈界事件簿》。

另一種比較特殊的情況是：前屋主有祭祀祖先牌位的習慣，然而遷居時並未稟告祖先搬遷日期而匆忙離家，導致祖先靈繼續逗留在原地，如此也可能成為後來的地基主。

在每月初一、十五祭祖與拜土地公的習俗中，慣例上也會安桌祭拜地基主。有一個真實的故事是這樣的：

某人入住新屋後不久，某夜因夢見一名女子輕撫他的手臂而驚醒；後來又有一天，他入睡後再度夢見該女子，這回它語帶怨恨地說：「這間屋舍歸我所有，你們要立即搬走。」男主人問神後，才知道是因為在搬入新屋時雖拜過地基主，但之後沒再拜導致。

拜過地基主之後要繼續拜，才能長保人與鬼之間的和平。男屋主後來按照神明指示祭拜地基主，那個女子便不再出現了。

●臺灣平埔祖靈說

這個說法來自於漢人來臺居住前的原住民平埔族特殊的葬禮文化，如果你看過創下八‧八億票房的電影《賽德克巴萊》，就應該知道原住民有祭拜祖靈的習俗。

平地原住民平埔族的祭祖傳統，是將往生的親人們埋葬在床底下、門邊或室內四處，稱之為室內土葬。早期平埔族人相信，逝世的祖靈不僅能保佑後代子孫及宗親，往生後回歸我們所出生的大地，也會成為土地的守護神。臺灣清治時期，漢人男子過海來臺後與平埔族女子結婚，早期平埔族以母系社會為主，女子在婚後會繼承家中的土地、財物，但男人有時也會在某些機緣下獲得平埔族的土地，他們會祭拜埋於屋舍與土地的祖先遺骨，對平埔族祖靈們表達尊敬，這樣的儀式留傳至今，便成為祭拜地基主的信仰。

另一方面，在祭祖儀式與觀念上，從福建來臺的漢人也帶來了中國的道教習俗與灶神、土地神的信仰。民間信仰與當地文化融合之後，逐漸演變成現在的拜地基主習俗，也相信地基主歸於土地公所管轄的範圍。

臺南在五、六十年前就發生一樁關於地基主搶土地的不可思議事件：

一戶人家搬到新屋後不久，小孩一到夜晚就哭鬧不休，看醫生、拜拜都沒有效果，後來到宮壇問神明，才知道他們所住的那塊農地，自先祖開墾後，一代代地傳了下來，最後轉手到這一戶人家。雖然新的屋主有出錢購買，先祖卻抗議：「錢入的是子孫口袋，而非入我的手。」因此，這戶人家拿錢買了金紙，燒給住在這裡的地基主，並在供桌下方立了一塊陰陽磚以示人、鬼陰陽契約成立，從此，他們的小孩就不再於夜晚無事哭鬧了。

•中國地神說

地神說有兩位神祇，一位是中霤神[10]，另一位則是武夷王，祂們都是土地神的代表，可說是冥界掌管土地的神明。客家族群有「山管人丁，水管財」的說法，因此，早期人們拜的不是家中的鬼神，而是掌管人丁興旺的山神。隨著時代的演變和地方信仰的融合，地基主與山神逐漸融入民間信仰。由此可知，祭拜地基主的習俗不只是一脈相傳，也是幾千年來各信仰大熔爐下的產物。

如何讓地基主保佑你？——不管有沒有幫助都要心存敬意和感恩

前三種關於地基主的說法，我保持中立態度，或許便偏向古代薩滿的態度，薩滿相信世間萬物皆有靈。「靈」泛指一切有情眾生和各種意識形態的靈體，人類的存在不是為了主宰世間萬物，而是要與世間萬物和平相處——看待地基主的角度亦應如此。

遺憾的是，近年來在某些民俗專家和神鬼信仰觀點的洗腦之下，對地基主的信仰已逐漸失去對大地和萬物的崇敬與平等心，取而代之的觀念，是拜地基主主要是為了求它們保佑全家健康、平安與富貴；我不拜你，家中就不平靜；拜法不正確，家中就會不平順……，儼然成為一種不拜就會遭到祖靈反噬的恐怖威脅。

然而，我仍相信，一個人應該對世間萬物抱著平等心，不論神明、祖靈、地基主是否真的有幫助到我們，對於提供我們遮風避雨的家（住所），還是必須表示尊敬、心存感恩。

還記得要搬到新買下的房子前，我還花了三、四天時間細細地打掃並且重新粉刷原本租賃的房子，僅因發自內心地感謝它讓我擁有一個安全的居住環境；在離開房子、準備反鎖之前，我面向屋內深深鞠躬，心中默念：「感謝你多年來的照顧。」前房東在我離開前告訴我，搬家後的水、電費他會幫我繳交，他認為我是一個好房客，這麼多年來房子保持得非常乾淨。

當你抱著尊敬與感恩對待你所居住的房屋，你已經以相同的心來回敬與我們同居住在此空間的靈體、神祇。

我有看過地基主嗎？沒有。嚴格來說，我沒有看過以人形出現、自稱地基主者前來，但卻看過不少人的家中存在一些靈或意識體，它們不為惡、不為善，就只是單純的存在。你如果要說它們是地基主，或許也是可以的，畢竟它們與人類居住在同一個空間裡。

至於該如何拜地基主？

瑤池金母如此說：

10 霤：音「六」，中霤指房屋正中央。

一般尋常人家在拜的家神就是地基主。

有沒有感到錯愕啊？明明你拜的是觀世音菩薩、濟公、三太子，怎麼會變地基主呢？瑤池金母的意思其實是——

當你的虔誠信仰心與神明精神相連結時，便會連結到主神的願力。此時，家中便會產生一條新的靈。[11]

假使一般人就只是拿香膜拜，不懂什麼叫虔誠心，那又如何呢？

瑤池金母進一步解釋：

許多人的家中存在著一些與人們居於同一空間的靈，當人們設香案膜拜，它們會因為人們膜拜時產生的意念而被牽引到神像當中。

如果家中沒有拜家神或設香案膜拜，這些靈就會繼續待在家中，等待人們在初一、十五、逢年過節時拜拜，以獲得香火而續存在人間。瞭解這個道理後，你應該明白為什麼瑤池金母一開始便開宗明義地表示，一般尋常人家在拜的家神就是地基主。地基主與家神在民間信仰中的意義相同，都是守護居住在該土地的人們，因此瑤池金母才會說「一般尋常人家」[12]。當你在逢年過節時以虔誠心來祭祀家神、祖先，在廣義上你已在膜拜地基主了。

或許此時你會升起另一個困惑：本尊神祇精神降至家中神像後，是否還需拜地基主？家中還會有其他的靈體存在嗎？

要回答第一個問題，得再回到「心態」來討論，當你抱持感恩的心看待所住的房子，你膜拜的家神就會保護你的房子。正神之所以留存在家中，不是因為你的牲禮與供品，而是你的精神力與虔誠心，地基主才是供品、香火的受益對象。

靈的世界看似非常奧妙，其實一切仍是**唯心念所造**，想瞭解神的世界，得先回頭檢視自己的信仰力、虔誠心與專注力。與其以點靈認主、接主神等儀式將神明的力量無限放大，應該問自己：「我到底能不能更加肯定自己，並擁抱自信。」

---

11 請詳閱第一章，瞭解如何在拜家神時真正連接到原尊神明的願力。
12 宮壇、寺廟的神祇則另當別論。

感恩的心是對地基主最大的敬意

地基主該如何拜？坊間有許多說法，或許你可以從幾個不同的角度來思考：

● 拜地基主應有的心態

祭拜地基主，要抱持著一顆感恩的心，畢竟它（房子）讓我們有一個平安的居住環境。如今，我們將它放大到靈的層次，不論它是以前居住在此處的先人（地縛靈、祖靈）或土地神，祭祀它們是希望大家和平相處，這樣的心態才能連結天（靈）、地（屋舍）、人（祭祀者），創造和諧的關係。

不論地基主是祖先、地縛靈，還是土地神，它們都是在守護我們所居住的房舍與土地。當祭拜地基主的信仰被有心人士渲染成利害關係（家中若沒有錢就是沒拜祖先、地基主）、恐嚇（鬧鬼是地基主作祟），或是用私心（錢財、貪、欲望）來祭祀地基主，那就失去了其尊敬和感恩的核心價值。

●拜地基主的供品來自於你對房子的誠心敬意

坊間流傳最廣的拜地基主的方向是：從外面往內拜（廚房）。傳聞地基主住在房子裡，拜地基主的時間必須選在午時前（早上十一點至下午一點），有些地方的習俗則是只要在太陽下山前祭拜皆可。

傳統習俗裡，地基主大多沒有塑立神像，因為早期的人們認為地基主的位階低於一般神祇，因此拜拜時用的神案必須用較低的椅子或桌子。供品的選擇則以雞腿、米飯、米酒等為主，這與早期人們如何看待地基主有關，他們大多認為地基主是鬼魅、鬼靈或祖先。不過，隨著時代的演變，供品的選擇也隨著現代人飲食變化而被簡易的便當、速食所取代了。一位從小拜佛茹素的朋友告訴我，現代人入厝拜地基主的習俗是拜全雞，取「起家」之意，但那只是諧音，一切都該回到人心如何看待此事，只要誠心敬意，就算拜素雞也沒關係。由此可知，拜拜儀式除了要融入信仰心和虔誠心，具足正知見看待也很重要。

●在祭拜家神、祖先時，也請不要忘了感謝地基主

一般拜地基主時間大多是初一、十五或逢年過節，但我也建議大家，如果家中有供奉家神、祖先，可以在早晚上香膜拜家神時，默念心中的感恩之情：「感謝神明保佑全家平安，善男／信女

○○○（名字）以鮮花、素果聊表對○○○（家中神明名字）的敬意，願我能將平日修持的功德迴向給你們，願神明繼續守護著我們全家的平安、健康。」[13]並非每戶人家的地基主都是祖靈、地縛靈或守護著家中這一片土地的土地神，家神的地位也像地基主，因此，每日早晚膜拜家神時心懷感恩，其實也等同於感謝地基主。我相信如此虔誠地對家神、神祇表示敬意，祂們也必以相同的心回應我們。

13 內容依自己方便添加，多以感謝神祇保佑居住安寧為主。

Q&A Time

家神、地基主不是給你來拜求心願的

Q1、可以向家神祈求願望嗎？

A1、一般來說，家神不同於本尊神祇，祂們的力量與願力大多視主事者本身的修持和功德而定，而不在於外表的雕刻。也就是說，不論你拜的是觀世音菩薩、二太子、關聖帝君，神像內靈的力量多與主神無關，反而是與你（主事者）在今世的修持、功德、福報有密不可分的關係，這可能也是「家神拜久了與主事者很相像」一說的原因。至於可不可以向家神祈求願望，既然家神的力量與本尊神明無關，大多來自人的修持，那麼，向家神祈求，其實就等於求自己。

要特別提醒的是，在家中供奉家神並不是用來「求心願」的，祂就像是我們生活中的精神導師，膜拜祂是為了提醒自己學習祂們（主神）的精神。有這樣正確的膜拜心態，日後遇到了人生瓶頸才不會本末倒置地責怪家神。

Q2、家神和宮壇神明，哪一個力量大？

A2、與家神一樣，宮壇的神明的力量主要仍回歸到主事者與膜拜者本身的修持、功德與福報，一家宮壇主事者若未能回歸內心與正信的修行，鎮日忙於祭改、冤親債主等等，寺廟裡的神明靈力就不會太高。相反的，一間宮壇遵守其宗教所教導的義理，同時以正信的教誨教化信徒、弟子，每年按時節舉行神明慶典、誦經等等，裡頭神明的願力將會很大，基本上一定大於一人膜拜的家神。

雖然如此，我也看過有一些在家修持精進的靈修人、在家居士，他們家神明的能量比一般沒有正信、正知見的宮壇、道場強大甚多，因此，還是回歸那句話：**主事者的心力與修持，決定了神像內神明的願力來源。**

Q3、如何觀察一間宮廟的神明力量強與弱？

A3、一間宮壇、道場內辦聖事神明願力的條件，受到主事者個人的修持影響，另外還有一部分，則牽涉到開光儀式的過程的嚴謹度、為神像開光師父的品性、道德，以及事後此間宮壇、道場所修持派別（例如密宗、靈修派、道教等[14]，不同的修行派別或多或少會影響到該間辦聖事神明的力量）。

簡略來說，宮壇、道場外表氣派與否，以及神像大小尊、華不華麗等皆與神像內的神明力量無關，人的因素仍占最大。至於家神，大多純粹供家人膜拜，不涉及到辦事，因為膜拜者較少，再加上一般在家膜拜者欠缺堅定的信念、修持方法和戒律，家神與辦聖事的神明的力量會明顯不同。

Q4、有人說家中不順是因為沒拜地基主，是真的嗎？

A4、當靈的力量凌駕於人時，就是迷信的開始；當你相信內在自我的力量，外在所有一切都只是輔助時，才不會在信仰中迷失自己。我聽過不少來問事的朋友分享，許多宮壇乩童、通靈人都告訴他們問題點在冤親債主、風水、姓名、祖先靈等等，教他們要去哪裡拜什麼、改什麼，但多年過去了，問題最終還是得自己解決。另一方面，不少著重身心靈與推崇心想事成的朋友們不迷信於宗教或民間信仰，僅在工作崗位上實踐吸引力法則，他們也從人生與事業谷底爬起來。不要一味將所有的問題推給「看不到的東西」，家事、工作、運勢不順時，請記得先回頭檢視自己的心態；此外，走在正道的靈媒、老師會教導你如何解決「心」的問題，而不是推給無形眾生。

Chapter4

求神超度往生親人一定要懂的眉眉角角

有人來請示瑤池金母以下問題：「我還可以為已經逝世的家人做什麼？」瑤池金母是這樣回答他的：

一個人往生後該往何處，取決於今世業力（泛指惡、善業與福報等），你難道不相信他（已逝親人）是良善的人嗎？

有一則佛陀教導人們如何以另一種觀點看待死後輪迴的故事，我一直很喜歡，這個故事的內容是這樣的——

一日，一位年輕人哭著來到佛陀面前，說他父親已於昨日往生，希望已經證得無上正等正覺的聖者佛陀能超度他父親。佛陀告訴年輕人，逝世後投報到善道或惡道，全依一個人此生所造的「業」[1]所決定。在印度有許多修行尚淺的術士、巫師、法師等在為死者舉行超度儀式，以期盼能為往生者打開天界之門，以避免墜入地獄。年輕人還是繼續請求：「像佛陀這樣證得無上正等正覺的尊者，一定更能藉由某種儀式帶領我父親通往天界。」具有無上調御丈夫[2]之稱的佛陀瞭解年輕人正因喪父而傷心欲絕，無心聆聽正法的教誨與開示，便答應他的請求。

舉行超度儀式需要準備一些物品，佛陀請年輕人準備三樣東西，分別是奶油、沙石和兩只陶壺。

年輕人聽到佛陀答應了，便滿心歡喜去市集購買這三樣物品。待他買回這些東西後，佛陀請他分別將奶油與沙石裝入兩只陶壺中，封口後再丟入池塘內。

此時，池塘旁已經站滿好奇的人們，包括修持各種信仰的巫士、術士以及僧侶，等待觀看佛陀如何進行超度儀式，年輕人內心也滿是期待。待兩只陶壺沉入池底後，佛陀命年輕人手執木棍把陶壺敲破。

古印度有一種很特殊的儀式，他們深信：只要敲碎正在火化中的親人的頭顱，便能藉由火的力量讓往生者投報到天界，所以當佛陀要年輕人敲碎陶壺時，他開心地以為佛陀正以一種象徵性的儀式來超度他父親。

陶壺被敲碎之後，奶油往池面浮了上來，沙石也在瞬間沉入了池塘底。就在此時，佛陀突然開口說：「年輕人，這就是我為你父親所舉行的超度儀式。現在，你可以花錢請池塘旁的那些術士、僧侶前來念誦經文，讓沉在池塘底下的沙石浮上來、浮上來，讓奶油沉下去、沉下去。」

孝順的年輕人忍不住直呼這是不可能之事：「尊貴的佛陀，您在開玩笑嗎？在自然的法則中，奶油比水輕，本就會浮在水面，沙石比水重，當然就沉下去，這道理大家都懂，又怎麼可能會因為僧侶、術士、巫士的咒語就改變呢？」

「大家都懂這個基本法則，那麼為什麼遇到了生死問題，大家就變得無知而盲從了呢？」佛陀點頭微笑，進一步以年輕人的父親為例說明，「如果你父親此生身口意不再執著於人世間的情感、貪愛和種種物質，業力就會如奶油般輕，那他往生後就會到善道，任何人都無法拉他下惡道；反過來說，當所作所為像石頭一樣重，往生後自然會墜入惡道，誰也無法拉他到善道，這是任何人都無法改變的自然法則啊！」

1 原指行為或是所做的一切，泛指身體、行為、語言、意念所產生的種種活動。在所有的業當中，以「心念」最為重要，它是所有一切的根本。業又包括了過去、現在與未來，現在是過去的結果，未來則是現在的結果——人往生後的一切是由今世身口意所造之業來決定的。

2 佛教的信徒們相信，佛陀具有直觀眾生各種隱蔽習氣的能力，瞭解每一眾生最適合的修行方式與解說道理的方法。

佛陀藉此譬喻來提醒年輕人，今生當下的心念已決定了投報去處，修行的目的不在於「得到什麼」，而是回到原本純樸的心。我很喜歡這一則故事，假使你能了悟兩千五百年前佛陀對年輕人的教誨，就會明白：世間沒有一位僧侶、通靈人、大法師可以改變死者往生後的去處。因此，當某人告訴你改變風水或舉行什麼儀式能接引往生者至西方極樂世界，反而透露出他並不是真正地理解「因果循環」——真正能讓一個人從陽間通往更寂靜的世界，只有當下清淨的修行。

用天主教儀式為佛教徒送行?!——尊重往生親人的信仰才是終極關懷

曾經有個女生詢問我往生者宗教信仰的問題，原來，她父親生前是佛教徒，每日持誦佛教的經文與咒語，父親往生後以佛教儀式來送他最後一程，應該是理所當然的事，沒想到她篤信天主教的大姊竟一意孤行，將佛教喪禮改成天主教的儀式，讓全家族錯愕不已。

她來問我，就是因為擔心這會對往生的父親帶來不好的影響，我說：「如果令尊生前希望來接他的是佛陀，往生進入彌留階段時卻看到金髮碧眼的耶穌，可能會嚇到不知所措吧！」

暫不論人往生後是否能夠投報到所信仰的神明世界，從人的基本尊重與關懷來看，在世親人應該要尊重往生親人的信仰，這就是——終極關懷。

近年來逐漸被重視的生死教育，將終極關懷分為：①皈依造物主的終極關懷、②返歸本原的終極關懷、③發揚人生之道的終極關懷等三種類型。[3]其中，「皈依造物主的終極關懷」就是尊重一個人在世時的宗教信仰，那是一個人在人生低潮期的精神寄託。人在世時的能力非常有限與卑微，當一個人透過宗教來認識自己與放大內在無限可能時，它對他就會更顯特殊、格具意義，我們不僅希望自己能被他人尊重，也希望我們所信仰的教義、神明同樣能被尊重；想當然爾，當我們要離開人世間時，也會希望以所皈依的信仰當成人生最後一程的畢業典禮。

神明會來接我去投生的世界嗎？——是我們的念影響了往生後的去處

那麼，人往生後是否真有相應的神明前來接引呢？

神明因你的心念而起，在世時，對神明以及神明所處的靈界深信不疑，並抱持虔誠信仰和堅毅的心時，離世後，神明與投生的世界就會應你的心而起。

---

[3] 由學者張岱年先生所提出。

瑤池金母進一步解釋：

無論一個人在世時是否有深厚修練，我們（本尊）還是不太會出現在他往生的當下。人在往生時看到的種種，都只是內心所幻化出來的境而已，仙佛菩薩前來接引的機會是非常渺茫的。我們（仙佛菩薩）因為你們的存在（人心）而存在，假使在世時你心中已有高靈（佛陀、菩薩、阿拉、觀世音等等）存在，往生時，祂們自然就會出現在你心中，有人說去世時看到天使或其他高靈，那並不是真相，那只是心中的幻化——想看到高靈，心中有高靈就行了。

希望往生後能到心中想去的靈界，在人世間時最好不要過分遐想任何不是你應得的事物；少了貪念與怨念，心中的罣礙就會減少，如果你在人世間時無處不爭奪，我們就算有天大的本事也度化不了你。

不要以為我們擁有高深的能量能左右人心，你們要去的靈界多半都是被你們在人世間的心念所吸引。人會被自己培養的能量與信念吸引到相近的靈界，在人世間時心存善念，自然會有適合你的靈界。

最後，我想再次表達一個重點：不要以為我們會去干涉一個人的行為所導致的一切結果，是你們自己的念影響你們往生後的去處。

佛教經典中有記載，東方教主是藥師琉璃光如來（藥師佛）、西方教主是阿彌陀佛，而娑婆教主則是釋迦牟尼佛[4]，每一位教主所居住的天界各有巧妙與不同，而天界的樣貌，則是應三寶佛的心願而生。

舉例來說：依藥師佛心所幻化的世界充滿琉璃寶地，與西方教主阿彌陀佛的西方極樂世界比鄰且相互輝映；最廣為華人所知的西方極樂世界國土由阿彌陀佛所幻化，居住著阿彌陀佛、觀世音菩薩、大勢至菩薩和清淨大海眾菩薩等。至於在民間信仰和靈修派中掌管家族興旺、平安、壽辰、福祿，在道教神祇中具有依人們在世福報、修行而冊封神職資格的瑤池金母，則居住在西方崑崙山脈的天宮；西方的耶穌、阿拉等等，自然也有一套天堂世界系統。

由此可知，當人們信仰宗教時，必然認同神明都住在一個屬於祂們的世界當中，不會有人以為瑤池金母住在天堂與耶穌為鄰，菩薩是住在阿拉所屬的世界。

一派系統的信仰神必有一個所屬的靈界世界，在世時認同、接受與深信不疑某一宗教與靈界世界，臨終時自然會看見與心相應的神明來接引，而那堅定的信仰心也會同時幻化出在該宗教中流傳的靈界世界，難怪瑤池金母會說——

---

[4] 另一派說法則是西方阿彌陀佛、中央毗盧遮那佛、東方阿閦佛。

神明因你的心念而起，在世時，對神明以及神明所處的靈界深信不疑，並抱持虔誠信仰和堅毅的心，離世後，神明與投生的世界就會應你的心而起。

由此觀點放大到人的基本權益與自由，靈界的世界本不只有一個，每個宗教信仰都有一套往生後該投生的神明世界，每個人都有權利決定要投往哪個世界。

若你還無法清楚瞭解神明世界與生前的信仰有什麼關係，我再舉一個簡單的例子——作夢。

夢境有兩個階段很容易與實境產生連結：剛入睡和即將清醒時的淺睡期。如果你在入睡前一刻仍思考著煩心之事，入睡後就很有機會夢到與煩惱有關的事情；即將清醒前一刻的夢境內容，與現實生活的連結性也很高，鬧鐘響了，你夢到有人打電話給你；或是附近出現吵雜的人聲時，你可能會夢到菜市場、百貨公司等相似的場景，這都是「夢與現實產生交疊」的現象。

臨終前那一刻，當視覺、嗅覺、味覺、觸覺逐漸消失，最後會只剩下意念和聽覺。此時，就像我們入睡前所聽的音樂會影響夢境一樣，往生者聽到的聲音必然影響著意念。當聽覺也消失之後，人對死後世界當然更加恐懼與不安，此時，殘留在意念中的信仰是唯一的安全感來源，而人生前的強大信念、信仰就會幻化出神明，這就是人在往生時看見或感受到仙佛菩薩來接引的主要原因。瑤池金母說：

神明的願就像是陽光，是人們的信仰與虔誠心接引光的到來，並不是我們接引你們來到我們的世界。

人心念的自主力和內觀修行真的十分重要，接引神明的力量，來自於我們的心念。在世時，我們有百分之百的決定權去信仰屬於我們自己的宗教，這股力量來自於堅毅心、專注力，這必須靠日常生活的實修而來。不論你的實修是建立在持咒、誦經、參加某一種宗教的法會等等，在在都是要化解人們對於人世間種種的貪愛、執著，加深對宗教信仰的認同與信任。

往生母親一直在跳舞——地獄、天堂已在我們心中

自「我在人間」一系列書籍出版後，國內外許多讀者的來信中，除了靈修和生活疑問之外，最常見的問題就是往生的親人現在過得好不好？我是以元神意識探尋往生者，方法之一是向仙佛菩薩請益往生者的去處，另一種是將往生者意識投射在我身上，最後則是在瑤池金母同意下以觀落陰方式讓祂們帶領提問者自行探看逝世的親人，但不論是哪一種，都非常耗費元神能量與精神，所以後來我就不再接受詢問往生者之事。

另一方面，往生者離世愈久，它們對人世間的思念之情會愈不如從前，會逐漸淡忘人世間的親情、愛情與友情，甚至覺得在另一個世界比在陽間愉快、輕鬆。坊間流傳它們回來都會哭哭啼啼的，但只要多做研究就會發現，不少人夢見的往生者都面帶微笑。

為什麼會這樣？

其實不只是上述這些感情，它們也會忘掉人世間的恩恩怨怨與一切記憶，這樣人們才能在輪迴後不帶任何情感地重新開始。

換個角度想，隨著時間的流逝，陽間人想到往生者時的悲傷程度，都會愈來愈不如最初的傷慟了，往生者自然也是一樣的。

我在就讀生死教育與諮商研究所的時候，也研究了輪迴轉世的議題，我認為，如果為陽間者連接往生者的通靈人、神職人員並未具備基本的療癒與悲傷輔導的溝通能力與知識，最終只會淪為一場鬧劇與羅生門——畢竟，「搭起陽間人與往生者溝通橋樑」有很大部分是療癒陽間人心理的悲慟與創傷。

這則真實問事實錄，是思念母親的兒子想瞭解母親過得好不好。我祈請仙佛菩薩帶領他去尋找母親，剛好因緣具足，也可能是他本身的福報夠，能如願與母親在另一世界相見。以下是他在問事結束後寫的心得，為了讓當事者的心境真實呈現，我僅稍做修潤——

終於再次見了宇色，距離上次和他碰面已經過了快九個月，而我依然無法接受母親離開人世的事實。聽完我因思念母親所受的煎熬，宇色建議我：「不如直接與母親對談吧！」

宇色先向瑤池金母詢問，在確定母親還未投胎之後，他以一貫的態度告訴我，在他祈請仙佛菩薩帶領我去找母親時，不論在靈界中看到或經歷哪些情況，都不要太著眼於真假，而是盡量去感受與母親見面時，我內心得到了什麼。

過程中，我接受宇色的引導，看見了母親躺在病床上的那一幕，哀傷、難過都無法形容我當下的心情……，心除了痛，還是痛！在那個空間裡，我眼睜睜看著母親在我面前靜靜地死去，魂魄離開她的身軀，這一切歷歷在目，彷彿時光重回到那一刻。

接著，真實世界中宇色的聲音帶領我轉換到另一個空間，我跟隨母親的靈魂去找現在我母親在靈界的居處……。剎那間，我站在一個雲煙繚繞的山頂，周遭是一大片的森林，心裡則突然出現一個聲音——崑崙山。宇色要我找找母親住的地方，此時我才注意到右手邊有一間房子，門楣寫著兩個我看不清楚的字。屋內坐著一名老者，問他是誰也不回應，只是一味地對我點頭微笑，似乎知道我來這趟的目的。

此時我才意識自己似乎卡在這個不知何處的靈界當中，既找不到母親，陌生老者也不回應我任何問話……。

在真實環境中，宇色要我在內心祈請我最喜歡的一尊仙佛菩薩，希望由祂們前來指引迷津。我心中不斷默念老子的尊號，頓時，屋外出現了一群身著古裝的士兵，帶領者是一位將軍。我在心中問祂是誰，卻絲毫聽不見祂的聲音，也看不到祂張口說話，但我心中出現「虎將」二字——靈界的世界原來不用言語溝通，而是用意念來傳遞的！我問祂是否可以帶我去找能找到母親的神明，心念方落，瞬間又轉到另一個空間。眼前有一個老人騎坐著一隻巨大的白鶴，我描繪整個畫面給宇色瞭解，宇色要我進一步確定祂是不是道家仙者——南極仙翁（老實說我還真不知道有南極仙翁這個神明，我一直以為出現的會是地藏王菩薩），祂右手一指，便出現很多字，我知道那些字是要給我看的，可是不論我如何努力，還是看不清楚，只好再請祂帶我去找母親。

後來，我的面前出現一位面貌與母親相似的女生，她一直在跳舞。我想靠近她仔細端詳，她卻使終與我保持著一定的距離。過程中，宇色就只是在一旁靜靜聽我描述，並沒有多做表示。她的臉在我面前快速變化，時而年輕，時而老了一點，我不確定她是不是我母親，她的神情與母親如出一轍，但樣貌、態度卻不如母親與我親近。當我心中升起「妳是否有話對我說？」時，她竟然走過來打了我一下說：「傻小子！」說完，她又跳著輕盈的舞，再度與我保持一定的距離，時而近時而遠。

怪了，為何我媽的情況跟其他人完全不一樣，她沒有跟我說一些內心話，偶爾開口，一、兩句就結束，要不就輕輕拍我的頭就沒了。罷了！至少知道她在另一個世界是自由的就好。後來，宇色要我向前抱抱她，讓我放下多年對母親離世的牽掛……。

雖然見到母親，知道她是自由的，但她沒有跟我說很多話，其實有點失落，回程中又遇到小木屋內的老人，很顯然的，祂完全懂我的心情，因為祂也很悶的樣子，但祂為我擠出了笑容；乞求老子幫忙卻出現虎將也讓我滿錯愕的，南極仙翁的出現更讓我感到神奇。

在靈界探訪母親的過程結束後，內心輕鬆許多，也領悟到世間一切自有其定數，每個人的一生都不同，都有他這輩子需面對的障礙、功課，在有限的時間內，你想要過怎樣的生活，端看自己的「心」。

你是不是也以為，在世者與往生者相見必上演哭斷腸的戲碼？豈料我遇過的例子絕大多數都相當平靜。這個母親以「傻小子」三個字，道盡她想對兒子說的話，或許她想表達的是，別為我操心，我在這裡過得相當如意，也可能她想告訴兒子，往生後的世界並不如陽間人們所想像的可怕。

當一個人往生前的心純淨時，它所處的世界也必與此心相應。那麼，當一個人心是邪惡與不純淨時，靈界是否也會是如此呢？

暫且不論往生後的靈界世界為何，在陽間，我們的心念就已造就了我們每一時、每一日、每一年的世界，而我們依然甘之如飴地生活在心念所創的世界中。當一個人心中是苦的時候，他看身邊的人就是不順眼，當一個人心是純淨、良善時，他眼前所見的一切也必是良善的，這是千古不變的真理。

在陽間是如此，遑論往生後的世界？也因此，當有人問我他的某某人在陰間如何時，我會反問他：「他在世時人品如何？」地獄、天堂不在其他地方，而在我們的心中啊！

此外，在一般陽間人的眼中，人在往生後的世界裡所做的事常是些無關緊要之事，像前面那位母親，便以跳舞呈現她內心的喜悅與平靜，以一聲「傻小子」融化兒子的悲傷，一切都顯得如此單純與簡樸，下一篇的真實問事中，你會看到類似的情境再次上演……。

為什麼往生兄長不跟他說話了？——離世愈久，對陽間的執著愈淡

一位女問事者預約要探訪剛往生不久的大弟，然而，在整整過了近半年之後，才終於得以前來。她是與二弟一起來的，兩人年紀均在四十多歲。她二弟滿臉的不情不願，我可以瞭解，一般人對探訪靈界大多抱持著懷疑的態度，我告訴他：「暫時放下心中的防備，就當成一場遊戲吧！

我協助你們姊弟間化解今生未盡之事，成不成功都不會額外要你們多付擔什麼，這一切看的是機緣啊！」探訪靈界往生者本就無法確保百分之百能成行——假的才敢斷言百分之百。

為讓事情更圓滿，我先請示瑤池金母往生者是否尚未投胎，以及他生前種種，再與家屬比對。

從小，你們倆的感情就比姊姊深，覺得兄弟倆與姊姊不同國，有什麼事，都是兩人瞞著姊姊偷偷做。

在我轉述瑤池金母這段話時，她二弟瞬間熱淚盈眶，但仍沉默不語……。大姊這時開口了，原來她與兩個弟弟的關係，從小到現在依然如此，小時候她便與兩個弟弟不親，他們有事情自行商量後就去做，甚少知會她。我接著繼續轉述瑤池金母的話：

長大後，你們兄弟倆因生活環境與觀念不同，感情已不像小時候那麼深，但在你心中依然將他當成一輩子的大哥。

此時，二弟強忍的淚水撲簌簌地不停流下。

為了提高成功機率，再加上他們來了兩個人，我徵求了瑤池金母與他們姊弟倆的同意後，讓兩人一起嘗試至靈界探訪。料想不到的是，真正能與大弟相見的，並不是一直懸懸而望的大姊，而是一開始滿臉懷疑的二弟。

二弟進入靈界的速度出人意料之快，他感覺到自己在一個摸不著邊的幽暗空間向前快速飛行，直到一個看起來像是斷崖邊的一棵大樹前，才停了下來。樹下有一個身著古裝的人，他向前報上大哥的名字，詢問對方是否認識，但那個人只是低頭不語。

此時，在現實中的我看到他的頭突然向後側斜一邊，眉頭深鎖，細問才知原來他眼前閃過一顆男人的頭。

我請他祈請瑤池金母協助，快速帶領他找到大哥，結果畫面頓時一轉，他向上凌空飛起後，再度向前快速飛行穿梭，來到一整排古代屋舍的小鄉村。他在一間平房前落下站穩，平房不大，屋內漆黑一片，隱約從屋外滲入一絲絲光線，屋內僅有一個小娃兒騎在木馬上。

他站在門口看了許久都不出聲，我問他怎麼一回事？他告訴我，小娃兒很像大哥，但臉一直在變化，當小孩慢慢變成十五、六歲的樣子時，到變得與大哥的小孩年齡、樣貌相仿，我進一步問他此人是否是他大哥？他滿臉猶豫，不敢確定，只能愣愣站在小孩面前，看著對方不斷變化的外貌。

我再度請瑤池金母作主，祈請祂帶領他前往大哥所在處，意念方落，他又再度快速離開平房，來到農田的某一處。此時，他默然不語，看起來似乎有話難言，我再問他怎麼了，他沉默了許久後才說：「我看到大哥了。」

他大哥此時正捲起褲管，與一些人一起耕種，當他想向前再仔細看時，他大哥卻好像在躲避什麼似的，不斷向後退，避開他的目光。

我請他觀察周圍是明亮的空間還是幽暗的？這是判斷往生者所屬靈界層次的方法之一，層次較高者會較光亮，反之則較暗淡。他告訴我比較不明亮，雖然看不到太陽與月亮，但就明暗來判斷，感覺是在傍晚左右。

我請他以意念向大哥詢問生活上是否有任何短缺，對方搖頭表示什麼都不需要，而且就神情來看，似乎不想被打擾。

我藉機告訴他：「思念之情大多只在陽間，到了另一世界的它們，只要不是過分為惡之人，並不會有太多苦難。」

他沉默沒有答話，擦了擦眼後，便開口問：「我可以回來了嗎？」

我感到很驚訝，問他：「難得有機會能看到大哥，為什麼這麼快就要回來？」

原來，他大哥揮著鋤的模樣，就彷彿在告訴他：「回去吧！我過得很好，別再來了……。」當兄弟這麼多年，一個眼神、一個動作就能知道彼此的心意。

我再確認一次他的想法：「真的不想再多待一會兒嗎？」

他搖搖頭說：「夠了，知道他過得好就好！生前發生了什麼事情他都不說，盡是自個兒往肚裡吞，離開了這世界以後，也沒有托夢回來告訴我們過得如何，我們才會那麼擔心，現在看他那樣，也可以心安了！」

我於是請他代為詢問大哥，是否需要燒些紙錢、紙樓房？這是我測試是否真正進入靈界的方法之一，真正的靈界並不需要這些外在形式的物品，所有一切都應心念而生。

當然，有些過於執著或尚未「清醒」的靈體仍會在意陽間的物品，而他大哥還是搖搖頭，沒有說話……。

清醒後，他擦拭了一下淚水，便問我：「為什麼大哥什麼話都不說，不像電視上看到的那樣，往生者與陽間親人相見不都是哭啼不休？」

我回答他：「往生者一般都不希望被打擾，你們就像是夢中的人物那般不真實，對他們而言，他們所處的世界才是真實的，在那裡，沒有身體病痛、財務困難、感情糾葛……。」

姊弟倆聽了，又再次向我確認，是否真的不必為往生者做什麼，我告訴他們：「在陽間的你們活得快樂、自在，並且能看顧好自己良善純樸的心，便已經是最大的功德與福報了。如果能多多照顧他的後代，對於往生者而言，這就是最美好的禮物。」

對於靈界，我們常常會將陽間事物完完全全地投射到其中，例如，在陽間必須以金錢來換取物質，而一般人認知中最重要的物品不脫金錢、珠寶、車子、房子等等，許多人想探訪往生者，有相當大的比例都是在詢問往生者是否缺衣褲、金錢、房子，想知道它們是否會思念陽間的親人……，從心理療癒的角度來思考，這也是因為人們不想那麼快與往生親人切斷關係，是很正常的想法。只是，站在靈界的角度思考，真正影響它們的是形而上的能量、信念與心識，雖然初離陽間的靈體確實會將陽間的執著帶至靈界，但那畢竟是暫時的，待在靈界愈久，靈體自然會認清那一切都是因自己的執著所產生，而非絕對必要。

善良又信佛的弟弟卻只活到三十歲——決定壽命的四大要素

談到生死，應該有很多人都想知道，人的壽命是由誰來決定的？決定一個人此生壽命的，包含：身體機能、先天壽命、今世與累世的業，以及靈魂覺知。

- **身體機能**：想讓一部車子維持良好性能、增加使用年限，端看平時如何保養它，同理，平日注意運動、養生、飲食和作息，身體在無外力影響下自然不會對先天註定好的壽命產生影響。

● **先天壽命：**指出生前已經註定好的壽命定數，紫微斗數、八字四柱等命理工具算的就是一個人的先天命格，但先天壽命往往只是「化約」而非「不可改變」。

● **業：**粗略分為身業（行為）、口業（說話）與意業（念頭）三種，累世與今世的善業與惡業對今世的命運、人際關係、財運、福祿等等有所影響，自然也包含了壽命。一個人若未能證得相當高修行次第，或對人生因果有所領悟，很難理解這如蜘蛛網般複雜又環環相扣的業。

● **靈魂覺知：**每一個人都有另一個大我與我們同在，它是站在更高的層次來檢視我們的生命，所站的角度往往超乎我們常人的思維，這個「大我」，我暫且將它稱為靈魂覺知。

其中，關於業報的部分一般人可能較難理解，我這裡舉佛陀曾開示過的例子來跟大家說明。

「有人會因為犯了一個微小惡行而下地獄，但另一人犯了相同的惡行，果報在他這輩子就已經應驗，來生一點也沒有殘餘業報，對他的來生就不會產生更大的影響。

究竟是怎樣的人會因微小的過錯而下地獄呢？是不曾克制身行、培養品德和思想，也不曾長養任何智慧的人；他心胸狹隘，品格低俗，為瑣事所苦。這樣的一個人，即使只是做了一個微小的過錯，都可能下地獄。

那麼，怎樣的人犯同樣微小過錯，卻能在此生經驗到後果，而不會有來世果報呢？就是一位克制身行、培養品德和思想並長養智慧的人；他沒被惡念所制，具高尚品格，其生活沒被邪惡所束縛。這樣的人犯了同樣的微小過錯，能在他這輩子就經驗到後果，而不會有來世的果報。

比丘們！假設我現在丟一小撮鹽到一小杯水中，你們認為如何？這杯水會因這一撮鹽而變得太鹹，以至於無法飲用嗎？」

「是的，世尊。」

「為什麼會這樣呢？」

「杯子裡的水那麼少，小小一撮鹽就會讓它鹹得無法飲用。」

「比丘們！假設將這小撮的鹽丟入恆河中，恆河的水會變得太鹹而無法飲用嗎？」

「當然不會，世尊。」

「為什麼呢？」

「世尊，恆河水浩瀚無邊，不會因為這一小撮鹽而變鹹且無法飲用。」

「再者，比丘們！假設一個人為了半分錢、一分錢或一元的事要受牢獄之災，但另一個人不需要因為這個理由而遭受牢獄之災。那麼，怎樣的人會為了半分錢、一分錢或一元的事情而遭受牢獄之災？那就是一個沒有生財工具或財產的窮人；倘若是一位有生財工具或財產的富人，他將不必因為這種事情而惹上牢獄之災。」[5]

從這段佛陀教導的因果觀點，我們可以瞭解——前世行為所造的業報，對今世**有影響，卻並非絕對**。今世人們所造的福報、心性、品性都會影響從前世承襲而來的種種，同時，**我們的心性、品德會增長與削弱「果報」**，也會決定果報的輕重與發生與否。

將這個觀點套用在一個人壽命的長短，也是一樣的道理：一個人會不會因為罹患重症而就此走向人生終點，真正掌握決定權的並不是神明，而是我們已經造作的業和當下是否有可以彌補這些業的行為。

一位問事者的弟弟幾年前在下班途中因事故而往生，令全家人心痛不已，他詢問過的許多通靈人，均表示他弟弟的往生是意外中的意外，本來並不應該會讓他弟弟喪命的；如今，他弟弟已在佛陀處修行。

死者個性活潑，對親朋好友非常和善，也信仰佛教……，問事者真的無法不去想，是不是因為外靈或無形干擾，才讓弟弟在三十而立之年就離開人世。

瑤池金母表示：

前世所造之業是這場意外的主因，雖然今世為人良善又有宗教信仰，只是仍不足以化解前世業力在今世的顯現。不過，今世的善良與信仰，讓他往生後投報到與他心性相應的靈界，暫不再輪迴轉世。

雖然該承受的業報一定會顯現，但如果今生的善業夠強大，仍會有善因緣出現，例如問事者的弟弟發生事故時，雖然他應該承受的業沒躲過，但可能會因提前一分鐘減速或路人的提醒，而減低車禍的撞擊力。再換個角度想，今世不為惡，足以令他投報與他心相應的靈界，也算是好事一樁。

今世我們所遭遇的一切都只是**業的相互影響**，這再次提醒我們**起心動念**的重要性。正因為如此，每每有人拿著罹患重症家屬的生辰八字祈求母娘顯現神跡時，我總是不厭其煩地告訴他們：「不要誇大神明的力量至無邊界，那只是無知與盲從的開始，神明的力量只是支撐我們對抗問題的動力。」每一件事背後總是有其範圍的**限制性**。

佛陀曾說：「人心智的複雜程度，遠超過動物界中數不盡的物種。」[5]也因為人心複雜，更突顯堅定的心志與毅力能重創生命的可能性——時時刻刻鍛鍊心的力量，比求神問卜更加重要！

[5] 摘自南傳尼柯耶《增支部》第十九冊，頁三五五～三五六。

離世的婆婆報復害死我老公？——世界沒有任何事出於突然

這個女性問事者預約的內容是希望到陰間與她前幾個月方離世的丈夫再見上一面。她丈夫在開計程車回家休息後，突然身體不適，他在與她最後一次電話通話時說：「我身體不舒服，呼吸喘不過來。」等她趕到醫院，丈夫已經斷氣許久。結婚二十年，另一半就這樣被上天帶走，她百般無奈又無能為力，丈夫離世後生活產生的劇大變化，她也只能默默接受。

然而，畢竟是二十多年的夫妻，他遽然離開人世，讓她一時之間很難接受，每日以淚洗面。她瞭解生命無常，知道人生的最終一站就是死亡，也明白不管是她還是丈夫都得面臨另一半在某天先離開人世的事實，但這一切來得太快、太突然，小孩才剛上大學就必須面對沒有父親陪伴的未來，讓她充滿遺憾。

她還告訴我，五年前——她婆婆離世後的十五年，親戚到一處神壇問事，婆婆附身在靈媒身上，傳話表示心有所怨，要把她丈夫也帶走。

原來，公公逝世時家境還不錯，土葬後的墳修得非常得體，但婆婆逝世時以火葬處理，安奉在某一個靈骨塔，讓她心有不甘：「我要讓他（兒子）的生活不好過，還要帶他離開。」

親戚反問附身靈媒身上的婆婆：「為什麼要這樣呢？」

婆婆問他：「你們不覺得他近幾年日子不好過嗎？」

問事者說，雖然婆婆的骨灰是放在靈骨塔，但也是安奉在知名的寺廟，因此當親戚轉述這件事時，她與丈夫並未放在心上。之後五年過去，她丈夫突然離世，讓她不得不聯想到五年前靈媒所說的事。

就我個人來說，當然是不相信，原因很簡單：**一個未修行的往生者，離世後的力量很難改變陽間的人事物**；在世時心沒有力量扭轉本身的業力，往生後又要如何改變陽間的人、事、物？

一個人今生壽命絕大多數已經註定，後天再由福報、業報和其他因素而產生影響，神明都無法改變得太多，何況是已往生多年的人；再者，人離世前最後一刻的怨念比死後的怨念更可怕，如此才符合佛陀所說的「臨死業」[6]。

據她表示，婆婆生前對丈夫疼愛已近乎溺愛，跟附身在靈媒身上的「婆婆」完全不一樣，也證明這種說法不足以採信，但當下我並未言明，留待她等會兒與丈夫相會再說。

我轉述瑤池金母所說關於他生前的個性種種，經確認無誤後，便以靈修祕法引導她進入陰間。

一開始進行得非常順利，但是途中卻感到受阻。她一直停留在空曠無人煙的空地上，突然，一

[6] 南傳佛教經典有云，業可分為臨死業、已作業、慣行業與重業，以臨死前最後一刻心中所升起的臨死業力量最大，它是離世前最後一刻升起的業，它的力量多半會決定死者的投報去處。

間巨大大樓出現在眼前，仔細一看，是一間診所，隱約可以感覺到診間有一人影，但無論她如何專注，就是無法看清楚對方的臉。她爬上了二樓，依然不見任何人影，然後意識就停留在二樓哪裡也去不了。

我請她觀察四周是否有人影或仙佛菩薩到來，但她都沒有感受到。我再請她默念觀世音菩薩聖號，祈請菩薩降臨前來，但情況始終沒有任何改變，就僵在那，哪兒也去不了。

突然，我想到她丈夫是否擔心相見會更難分離，因此不願意現身？我請她在心中默禱：「能再相遇實為不易，若這次無法相會，不知得再等待到何時，請你現身吧……！」

過了幾分鐘，原本在我面前閤眼不語的她，兩行淚水靜靜地滑過臉頰，「他出現了，就站在走廊中間！」她有千言萬語想對丈夫訴說：為什麼在這個時候離世？是不是註定好的？你現在過得好嗎？有與父母親相聚嗎？她丈夫都只以微笑回答，他告訴她：「既然生命如此安排，我們就接受吧！」沒有無奈，也沒有怨言，就是接受而已。

我請她詢問，丈夫的往生是否與婆婆的怨氣有直接關係，話才說到一半，她就告訴我，婆婆突然以更年輕時的樣貌現身在老公旁邊。她覺得太奇妙了，陽間與陰間似乎是同步進行的，我在現實中跟她說的每一句話，陰間的它們好像都能夠瞭解似的。

對於我們倆共同的疑問，婆婆搖頭回答，附身在靈媒身上的不是她，對於身後安奉於某佛寺靈骨塔，她也非常滿意。我接著請她詢問丈夫是否有欠缺什麼？錢？還是衣物？她告訴我，我的問話才剛結束，她丈夫手上便現出一整籠的錢，表示不缺錢，請她不要罣礙。

由於預約問事的時間關係，加上意識停留在陰間太久對一個無修行的人來說太消耗元神精力，我提醒她，若見了面也釋懷了，就該回來了。

她闔著眼沉默了一會兒，才哭著問我說：「可以再給我一點時間嗎？」

我不忍心拒絕，畢竟這次分離就不知何時才能再相見，便答應了她：「那我先離開幾分鐘，不打擾妳，妳就與丈夫好好相處吧！」

她這才點了點頭。看著她一個人閉眼自言自語，彷彿對著空氣訴說丈夫過世後所發生的一切，臉上有淚水，也有微笑，此時此刻，陽間與陰間是如此接近……。我輕輕關上房門，讓她沉浸在與丈夫相處的最後時光。

問事結束之後，我詢問她是否能釋懷丈夫已經離開的事實？她表示這次問事只是想知道他在另一個世界過得好不好，在他平靜地安慰她那一刻，她心中的擔憂也放下了。

她接著問我，為什麼丈夫的態度如此平靜？這和她想像的——丈夫會非常激動或對壯年就離世感到憤憤不平——差得十萬八千里。

我告訴她：「妳所以為的畫面大多不是真實，一個人在往生那一刻，就已經開始接受離世的事實。到了靈界後，它們也會逐漸瞭解死亡背後更高層次的靈性課題。人世間沒有任何事物是突然的，它都是因果循環底下的產物，目的是為了幫助我們走入『道』（神性合一）。」

撐不過母娘說的生死關卡——在世親友難改變往生者的死後去處

一天，一名女子帶著罹患口腔癌多年的弟弟來找我，原來她弟弟多年來為癌症所苦，經歷六至九次的手術、電療、化療，連有德國醫學博士學位的主治醫生都建議去問問神明，因為她弟弟癌細胞反覆難治的程度，在臺灣病史上十分少見。

瑤池金母針對這個情形提出解釋：

當事者從事消防工作時，曾不經意對往生者口出穢言，造成往生者不悅而纏身多年，再加上前幾年他正處於運勢低谷，就算是化解與找到原因，被癌細胞摧殘多年的身心，要在短時間內修復並不容易。

身為長姊的她則表示，她弟弟脾氣不太好，平時沒有值班的時候多半會跑去喝酒，是否有在酒醉與情緒不穩定的情況下對往生者不禮貌，他本身已經不記得，但他們都覺得可能性頗高。在他的印象中，曾接獲一個自殺事件，死者在門後上吊，當時他帶隊破門而入，死者的遺體被門一撞，向後彈開，他向前衝進門時，差點被彈回來的遺體面對面撞上，或許他在情急之下不小心脫口而出對往生者不敬的話，至於是否有其他類似的事件，他已不記得了。

瑤池金母僅指示：

無形之事可解，病體修復仍須靠後天努力。

這話其實藏下了一個伏筆——事情並不好解決。

另外，瑤池金母也明言此人今生是應走宗教修行之命，但因心性與後天環境關係，錯失了宗教因緣，如早期有機緣接觸良善宗教，或許事情並不會如此複雜。姊姊這才提到，她弟弟原本不信鬼神，前幾天躺在病床上時，竟親眼看到無形眾生在天花板上飄浮，當時還以為是大限已到了呢！

關於他的年壽大限，瑤池金母告知他的先天壽命，大限是在四十五歲，就算當事者平安度過此關，四十五歲大關卡也難過，而隔年的農曆三月又是一個非常重要的關卡。

姊姊聽了，緊張的告訴我，經過這一連串的治療，弟弟的身心已經筋疲力竭⋯⋯。我安慰他們倆，不管能否活過四十五歲，現在得先求色身的休養與療癒，平安度過明年的農曆三月，再修持福報、心性以及重視養生，仍有機會突破四十五歲的先天壽數命格。

瑤池金母另外也說中他一件不為外人所知的祕密，原來當事者其實很想成家，想擁有小孩，我因而趁機告訴他：「每一個人都值得擁有夢想，如果你夢想擁有一個自己的家庭，就更應該勇敢活下去。」

之後，當事者的家人仍常大老遠從南部來臺中找我，只要他身體狀況尚穩定，也會帶著他一同前來。他的家人告訴我，心性剛硬的他原本不信鬼神，但我在對談之中不斷釋出同理心和鼓勵，讓他很信賴，除了我之外的其他通靈人或神職人員，他仍一概不信。我告訴他們，我唯一能做的也只剩這個了，其他的得看他的造化與上天的安排。

每每他本人來到問事現場，我除了以靈修派的靈療法調整他的身體能量，祈請瑤池金母降符也是必定的儀式。一回，當事人化療結束後，口腔癌已擴散到脖子，腫得像拳頭一樣大，情勢相當嚴重，他家人急忙傳簡訊請教我該如何處理。當時我心想，距離瑤池金母所言的隔年農曆三月仍有一段時日，或許這只是過程，尚不是最壞的結果，因此請他們靜心持誦瑤池金母聖號，靜觀其變。過了兩天左右，病人在午睡時突然夢到雷兩次劈打了長著癌細胞的脖子，再過幾天，病情竟然穩定下來了。這聽來像是神蹟，也或許是巧合，不論如何，這對家屬與當事者而言都是美事一樁。

再見到當事人的姊姊，已經是隔年了，我一問她：「令弟近況如何？」她再也忍不住情緒，聲淚俱下地說：「如母娘所示，我弟弟過不了農曆三月。」

農曆三月的某一個晚上，家人還聽到他打包行李準備隔日到醫院做化療，誰都料想不到，隔天早晨他就在床上平靜地離世……。

他知道自己已經去世了嗎？瑤池金母告知的訊息是：

他至今仍然未接受已離開陽間的事實。

她於是問我該如何讓弟弟早點認清死亡的事實？瑤池金母說了一句頗令人深思的話：

生前不知死後世界而且無信仰的人[7]，在陽間充滿執著，如何寄望死後馬上認清事實呢？

她接著詢問為何弟弟最終無法走過農曆三月的關卡？瑤池金母解釋：

---

7 除了所謂的宗教，廣義的信仰指對一種主張、主義、觀念極度信服，也實踐於生活當中，也包含愛、忠義、孝、圓滿等。

每個人都必須在有限的生命中改變心性，尤其是有某種因緣、使命與課題的人，他（死去的當事人）其實有道家因緣，有他行宗教的使命，只因家庭因素、後天環境而讓他的心偏離甚遠，此時，身體或心靈想繼續完成轉世課題實屬難事，因此，他的靈魂選擇重新來過，以全新的身體再次投到人世間，這是他靈魂的選擇……。

她邊聽邊點頭，原來她弟弟就學時期便住校，離開學校到了職場後，父母、家人自然無法再管束他衝動、暴躁的脾氣。最後，她問：「那我們能做些什麼，讓他在另一個世界過得更好？」

一個人往生後該往何處，在今世已經由福報做決定，妳難道不相信他是一位良善的人嗎？

瑤池金母如此回覆，並開始列舉他在世時如何照顧消防隊兄弟、同袍等等，雖然在家中他稱不上孝子、乖巧的弟弟，但是在同事、朋友眼中，他卻是一位講義氣、重感情的好弟兄。

聽到這裡，她再也忍不住地淒然淚下。

他即將再次輪迴轉世，繼續完成未完成的心願與人生課題。

後來瑤池金母又如此指示後，她才終於露出一絲笑容。

佛陀曾教導我們，影響往生後去處的，是一個人離開人世間最後一個「念」、瀕死前當下的「念」，包含人世間根深蒂固的心性、信仰、觀念……，這些都不是死後陽世間親人所能改變的，套句瑤池金母說的話：

若在陽間充滿執著，又如何寄望死後馬上認清事實？

夢到離世父親和等身大蟑螂?!——夢到往生者不應立刻對號入座

夢是人類探知未知世界與認識自己的途徑，常常有人端著盛滿夢的疑問來找我解夢。分享一則與夢境有關的真實故事，她的夢很特別：

她的第一個夢中，有我、她和另一個不知名的黑影。黑影似乎是來索命的，而我告訴她：「跟它道歉，是妳前輩子欠了他。」黑影告訴她：「妳有負於我，今生我要讓妳的感情路走得非常不順！」她哭泣地向它不斷認錯、賠罪，直到它氣消了、離開了。醒來時，她的淚水沾濕了臉龐。

在第二個夢裡，她沒有像在第一個夢裡那樣膽怯，身旁有一位手拿鯊魚劍的乩童和另一個全黑的男子，乩童跟她說男子是來索命的，她冷靜地向它道歉，之後她就清醒了，這兩個夢相隔不久，所以記憶猶新。瑤池金母對此事的解釋是這樣的：

夢中的黑影不是冤親債主，一切都因為當事者對當下生活、未來不抱期待，並且害怕面對而產生。這些不安與恐懼會在夢中顯化成任何一種形體，如鬼、狗、壞人、討厭的人等等，以言語、行動來恐嚇當事者——然而，這些其實都是內在的自己。

此外，當事人還認定幾段感情的不順利都是命運註定，意識的想法也影響了潛意識（這過程非常細微且不易被當事人察覺）。

以上素材融合成夢境中的一切，她告訴我，作夢的那一段日子，的確發生很多事，讓她變得被動、負面、不想去面對，正如瑤池金母所言。

至於該如何化解夢中的恐懼，瑤池金母表示：

當心有力量能在夢中對抗邪惡的顯現，代表生活已有力量；當夢中沒有力量時，就得從生活中培養自信、果斷與樂觀的心。

瑤池金母點出許多她不為人知的內心世界，她告訴我說：「我內心似乎被拆解了……。」問題被看見時，自然就會找到它的出口，這是個很有趣的心理作用。沒有怪力亂神、沒有寃親債土、沒有前世今生……，夢就是夢，不要過度詮釋它，那對解決問題沒有幫助。

安東尼‧史蒂芬斯（Anthony Stevens）在《私我的神話》（Private Myths）裡有一段話：「心智在意識清明的狀態下面對既有的事實，靈魂關注的是將要發生的事，靈魂以想像為手段，把它所知即將發生的事表現給意識。按榮格的見解，夢和想像會揭示新的個性結構，把導引人格更趨成熟的意圖透露給意識知道。」神的世界是帶領我們去探索未知的世界；夢的世界是教導我們去認識未知的自己。**當你的夢在現實中無法得到解釋，請回到內心世界去思辨、分析與靜心等待**，你會發現，夢中人物大多有「自我對話」的成分。

在聽完瑤池金母的慈示後，她才終於放下心中沉重的石頭。

另一個夢境的例子，則與往生者有關。

我一位朋友遠在國外的大妹夢到往生多年的父親，夢境中的父親四十多歲，整個人神采奕奕的。她注意到父親身邊有一個紙箱與人形般大小的蟑螂，朋友問我，她大妹的夢境是否有任何含意？是否是往生的父親想透露什麼訊息？

我向地藏王菩薩請示後，祂如此指示：朋友的父親生前好於助人且心地寬厚，還很樂於學習新鮮事物，他生前的遺憾是無法從事教職[8]，因此很熱心學習與閱讀各類書籍。雖然生前無宗教信仰，往生後在靈界仍有相當好的去處，他的心性繼續帶領著他追求新事物。

我於是問菩薩，此人有如此的福報是因生前有累積功德嗎？

菩薩如此回答：「他心性敦厚，助人不好記於心，而且在陽間時只喜歡學習與閱讀，閱讀正向書的當下，心就不再起妄念——這已是在累積心的福報。而且心性正向、積極，注意自己不做不善之事——良善的心便是功德。因此，這個人不可能向後代子孫托夢告知過得不好。」

我繼續問下去：「為何我朋友的大妹會夢到這樣的夢？」

菩薩解釋：「她與父親關係甚篤，夢見父親很正常，至於蟑螂和箱子，都顯示作夢者的生活與朋友圈不大，這些生活觸境是這一場夢的主要素材。」

後來我詢問朋友，她大妹的情況確實是如此。聽到父親往生後在靈界過得不錯，朋友大大地鬆了一口氣，接著問我：「夢見往生親人都不是真實的嗎？」

就我的觀點，夢見往生者的確不應該立刻對號入座直指與往生者有關，那僅能顯示作夢者與往生者之間仍存在濃厚的情誼。

話說回來，我們也不能一竿子打翻一船人，完全否認往生者托夢的可能性，但要注意，不論是要詢問乩童、通靈人、靈媒，問關於往生者托夢的事最好符合三種條件：

- 主事者能講出夢境中未顯示之事，避免打蛇隨棍上之嫌。
- 主事者能講出往生者與作夢者之間的關係。
- 主事者能道出往生者生前的心性與作為。

往生者是否會來托夢？

我無法斷然肯定或否定，能確定的是：人、鬼、靈、神處在不同空間，要能夠流暢地互動與聯繫，並不如我們想像的簡單。以瑤池金母教導的觀念來說，**「空間」存在於多重且複雜的架構中，人神、人鬼甚至鬼神之間的聯繫都必須靠非常強的意念。**

舉例來說，神要與鬼溝通就比鬼找神溝通簡單多了，雖然都屬於「靈」，但因存在空間和本身能量各有不同，彼此很難流暢互動，更遑論處在靈界不知何層級的往生親人要向陽間親人托夢了。

瑤池金母表示，一個人在世時透過各種生活苦修、宗教儀式鍛鍊堅毅的心識與意念，往生後以相同的「心」才能通達陽間無礙，但這樣的人並不多見，所以一般人往生後到了靈界，便與陽間斷了音訊。陽間與靈界之間連繫管道來自於彼此剛毅、專注和一顆良善純樸的心。瑤池金母形容道：

8 友人在大陸的家族中有很多人從事教職與醫生，她父親民國十四年出生，大學畢業後，便因戰亂從軍，而後來到臺灣。

處於靈界的靈（泛指往生者、未達無極界的神明）如要與陽間未修練心（良善、專注）的人溝通，是一件非常耗費精力的事。

因此，往生者若真的透過托夢與陽間人聯繫，除非具備非常特殊的因緣和仙佛菩薩的協助，否則在未有一顆絕對堅毅、純粹的心的情形之下，是非常困難的。

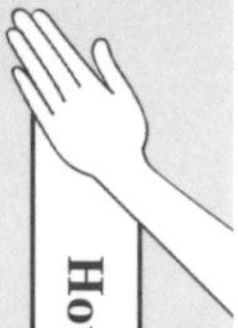

How To Do 宇色靈修拜拜心法

給往生者最大的禮物是……

● 親人在臨終之際，我們可以為他們做什麼？

讓我先分享一則南傳比丘尼師父曾告訴我的真實小故事——

曾與她在同一個禪寺修行的同修，多年來身受帕金森氏症所苦，即將往生。當她趕到醫院時，家人和其他出家眾師父在醫院大聲播放佛號。後來，一位師父發現這位同修的臉色顯露出極度的不安，雙眉深鎖，連忙向她的家人及其他出家眾師父說：「快把佛號關掉，真要放，也要轉到最小聲，一切以不打擾師父（臨終者）為主。」

她的家人與同修不懂這位師父何出此言，只見他輕輕地趴在這位即將往生的師父前，告訴她：「妳入佛門也有許多年，幫忙禪寺不少，也該知道這個色身只是一個空相，人世間的一切都不是我們所擁有的，是無常與苦難，在這最後一刻，妳應放下對色身與此世的執著，另一個世界沒有病痛與苦難，安心地去吧！」

語畢，這位師父告訴這位同修的家人：「人在往生之際，最重要的是有一個安寧、安靜的環境能讓他們的心平靜下來，不再煩惱與罣礙一切。在人生的最後一刻，耳識是最靈敏的，如果環境過於吵雜，每一個聲音就如會細針般刺耳，請大家保持安靜，讓她從禪定中求得寧靜。」兩日後，這位比丘尼師父往生了，當時她的神情相當安祥與平靜。

我們可以為臨終者做什麼呢？

提供一個舒適、恬靜的環境，切勿在他們耳邊討論分家產與種種不悅之事；沒有宗教信仰的臨終者，建議以播放靜心的音樂取代念佛機，原因很簡單，一個人在世時沒有宗教信仰，臨終時也不太可能專注於念佛機的唱誦上。

再分享另一個真實故事，多年前，問事者的父親被診斷出罹患癌症末期，瑤池金母告知只要好好休養，壽命能到六十一歲。當時距離六十一歲尚有三至四年的時間，他每隔半年至一年，就會再來問瑤池金母關於父親的病情，同時瞭解一下父親內心是否有遺憾。

這段期間，我分享許多臨終關懷、癌末照顧、安寧照護等知識，並透過瑤池金母轉述父親心事和臨終前的正信觀念，他與家人以及父親之間的感情也更加深厚，當然最重要的是，他們兄弟倆都有一個穩定的工作，對於父親的財產，他們一毛錢也沒有想過要去爭奪，全權由母親作主，這是非常棒的一件事情。

最後，兄弟倆的父親剛過完新曆年約一個月，身體狀況便快速下滑，那一年正是六十一歲。送往加護病房時，全家都同意放棄氣切、插管，讓父親在舒適且安寧的環境走完最後一段人生旅程。在病房時，家人流輪照顧父親，也一一與父親談完心中的話，最後父親在輪到他照顧時安然地離開了人間。

在父親斷氣後幾分鐘，他強烈地感受到父親身體的上方凝聚著一團熱能量，他不知那是什麼情況，大概維持了幾分鐘才逐漸散去。

是父親的靈魂？還是前來帶領父親離去的聖靈？

我們不得而知，這也不是重點，親人生前的安寧陪伴對父親來說才是最為重要的，承如瑤池金母所言：

生前最後的一個心念，決定了往生後的力量。

是愛、是恨、是情，還是悔？

決定於生前在人世間最後人與人的相處，不要過度詮釋與揣測往生者死後的世界，也無須太擔心它們在另一個世界過得好不好，反而應先好好想一想：彼此在生前該以什麼樣的心態相處，以及親人在臨終前我們可以用什態度來面對他們……。

拜哪一尊神明能夠超度往生者到更好的靈界世界？

真正影響往生者到達靈界的鑰匙，來自於本身在陽間時的心，包含了功德、良善、信念、思考……，這又受世間法則十二因緣——無明、行、識、名色、六入、觸、受、愛、取、有、生、老死的運作[9]。

任何一件事情，都有它的限制性與制約性，就算是神明，亦無法破壞因果循環，這就是天理。一尊正神必須遵守天理行事，祂是在遵守因果循環之下才能成就自己，豈能有違反天理之事發

[9] 想瞭解更深的朋友，歡迎上維基百科搜尋十二因緣。

生！當某位大師告訴你，他的能力或透過某一種儀式、拜某一尊神明能超度往生者到達更高的極樂世界，就已經違反因果循環了。

●家人、親人忌日時，除了準備鮮花、素果上香膜拜，還能為往生者做什麼？

拜拜儀式是為了收攝我們紛亂的心以專注於當下的行為，其牲禮多寡與樣式並不是重點，最重要的是我們的「心」。當我們拿香膜拜時，請以一顆非常虔敬的心專注在你的意念中，並詳細向往生者告知家中一切，切勿抱怨家中的事務和表達對他們過度的思念與不捨，這樣做只會讓往生者更加不安。

此外，想要往生者到達更好的靈界，與其準備豐盛的牲禮，不如以自己及往生者的名義多多行善、佈施，這樣不僅對自己好也對往生者好。你可以在上香膜拜的最後，發自內心地念這一句話：「願將我今年所行的一切善事、寧靜心的功德福報迴向給你，願諸佛菩薩能將我功德福報給我往生親人〇〇〇，願他們能夠吉祥、平安、快樂。」

●為往生者祈福，拜哪一尊神明比較靈驗？

華人信仰世界本就是一個泛靈信仰，每尊神明就是一種精神象徵，同時也代表一個系統，例如掌管廚房興盛是灶君，道教稱「九天司命定福東廚煙主保灶護宅真君」；為世間男女牽姻緣是掌握在月下老人的紅線上；而管理、負責往生者之事自然與佛教中的地藏王菩薩、道教神明閻羅王、城隍爺有關……，神祇與世間事的關連來自古早的民間故事和鄉野傳奇，會有如此的聯想，主要來自人們將生活上婚姻、情感、財運、事業、健康、福祿、壽命等不順遂，寄情於某個有形且人格化的對象，才有後來的神明形象產生。

姑且不論祂們是否真有管理這些事情，在上億華人幾千年來的膜拜信仰所產生的強大力量之下，祂們儼然已形成某種真實不虛的精神代表。因此，如果你想為往生者祈福、祝禱，或者對往生者仍有朝思暮想之苦，不妨到全省各地供奉有地藏王菩薩或城隍爺的廟宇上香膜拜，透過祂們的能力聊表對往生者的思念。

值得一提的是，在早期中國道教觀念中，分別代表陰陽、生死的神明是東木公與西王母（又稱瑤池金母），據說東木公掌管一切修行、健康、養生、修仙等術法，而西王母則是與人世間的健康、福祿、壽命和人們往生後的去處有很大的關係。

因此，你要是對往生親人仍然割捨不下，建議可以跑一趟花蓮慈惠堂，或有供奉瑤池金母的廟宇，將對往生者的思念向瑤池金母訴說，或許也能透過瑤池金母的力量，而讓投往另一個世界的往生親人知道你的心聲。

●夢到親人回來討紙錢該如何解釋？

「物質」是陽間賴以生存最主要的物品，泛指水、房子、車子、衣服、桌子等等，能夠換取以上物品的則是金錢。隨著我們活在人世間的時間愈久，會愈來愈深信金錢的重要性。初到靈界的靈體，對金錢的執著並不會因為離開陽間而淡忘，它們對在陽間最愛的東西仍有偏愛，例如酒、肉、美女、親人、愛人等等，當然也包含金錢。

這樣的情況會因應當地文化、宗教的不同而有差異，例如，往生者托夢討金紙的現象大多發生在亞洲與東南亞有燒紙錢的國家，在中東、歐美就很少會發生這種事，因為那些國家並沒有焚化紙錢給往生者的習俗。

由此可知，紙錢並不是靈體在靈界生存的必備品。此外，隨著離世的時間愈久，它們會開始淡忘執著的物品、人、情感⋯⋯。因此，夢到往生者回來討紙錢、車子、房子之事，最有可能發生在往生者初離陽間，以及未有正確宗教觀的人身上。

另外，你也可能常聽聞有往生者附身在靈媒身上討紙錢。靈媒本身既有的觀念仍是左右靈界訊息最主要的原因，也就是說，沒有一個靈媒能夠百分之百精準且毫無雜質地傳遞靈（泛指一切四度空間之外的鬼、神明）的訊息。不論是以通靈、陰陽眼、附身⋯⋯，任何一種方式，人的價值觀仍會影響訊息的純粹，我也不例外。當靈媒也深受民間信仰影響，深信人到了陰間後仍需要紙錢時，他所收到的訊息也會如此，而靈媒所處的道場、宮壇若以賣金紙營利時，他傳達的訊息便更加需要檢視了。

以我個人多年協助陽間親人至另一世間探訪往生者的經驗，往生者對於陽間親人的來到，大多平靜面對，而詢問到是否有欠缺何物時，也都以「不用，我過得很好、很平靜」來回絕。

所以，當在世親人問我能否給予往生親人何物以表示心中的愛時，我大部分會告訴他們：「只要你在陽間過得快樂、自在，就是往生親人最大的禮物！若真的想送些什麼，那請在上香時以意念告訴它們：『我愛你，我誠心地祝福你在另一個世界平安、吉祥、圓滿。』」我相信，這比購買一箱箱的金紙的幫助還要大。

Q&A Time

死後的世界跟你想的不一樣

Q1、離世親人與陽間親人相見時，真的都是哭哭啼啼的嗎？

A1、針對這個問題，我無法正面回應，主因是我遇過的案例甚少往生者表現出極度悲傷和對在世親人的依依不捨，它們大多很平靜，嚴格上來說——應該是平常心。瑤池金母對此解釋說：

人往生後，會因個人對世間悟性的深淺而逐漸認知到自己已經離世。

例如，今生常接觸宗教或是身心靈領域的人，對於世俗的一切以及色身較容易放下，往生後，較不會對肉體執著。瑤池金母進一步解釋：

當一個人執迷於世間親情、愛情、財錢、物質享受時，它會在一個空間當中待上非常長的時間，直到認清真實世界的一切都只是「夢」，才會真正清醒。此時，它已經對人世間執著的一切放下不少，甚至淡忘——在靈界，唯有認清「真實才是夢」，才能真正地清醒。

你會在意夢境中的死亡、分離、金錢、愛情嗎？雖然夢境中的一切感受都告訴你這是「真」，然而一旦太陽升起，把你從夢中喚醒，原本的真便變成了不真實，你甚至會忘記前一晚的夢境，沒錯吧？夢對現實人生而言是虛假，而在靈界，所謂的真實對它們而言卻是虛假。

當有一個夢境中的人物出現在你的真實世界，甚至告訴你「我是你的〇〇〇」時，你會有什麼反應？相信大部分的人都會說：「那只是夢，就算你是我夢中的〇〇〇，那也只是在夢中世界，而不屬於真實世界。」這也是陽間人去靈界看到往生者時，他們大多表現出令人意外的平靜和冷漠的原因。

何謂真？何謂假？我們認定中的陽間世界是真、靈界是虛幻，但對於往生者而言，靈界才是真，而他們出生到死亡的陽間的一切，只不過是一場虛幻的夢境，也因此，佛教教義中的三法印如此提醒：「無常、苦、無我」是我們的老師，當你瞭解人世間的一切都無法確切掌握時，才能真正看穿世間的真相，然後放下。

看過無數往生者與在世親人之間的會面，我深深體悟到——**我們來到人世間只是來體悟、感受的，不應將它當成真實不虛，而修行的最終目的是——處於紅塵而不沾染心的純淨。**

《心經》云：「是諸法空相，不生不滅；不垢不淨；不增不減。」道家言：「道可道，非常道，名可名，非常名。無名，天地之始，有名，萬物之母。故常無欲以觀其妙，常有欲以觀其微，此兩者同出而異名，同謂之玄，玄之又玄，眾妙之門。」其實都是在教導我們：當你處於平靜、平等心時，不沾染的心在離開紅塵時才能了知「一切真實只是夢境一場罷了」。想一想，若修行是為了離世那一剎那做準備，那麼，修行不需要特別做什麼，只不過是回到平靜去觀察世界所發生的一切罷了！

Q2、在世親人所見的靈界是真實的嗎？

A2、「神不在外，祂們都在我們心中；世界亦不在外，也是由我們的心所創。你心中有何世界，靈界便依你所創造，不論是苦、是樂、是酸、是甜，離世後就會反映在我們所處的靈界。」秉持著此原則，我甚少藉由探索靈界的技巧[10]去分析靈界太多。就如《我在人間與靈界對話》所提到的，瑤池金母說：

人世間所發現探訪靈界的方法，都只能窺探到靈界極細微的一小部分，未經鍛鍊而看穿人世間實相與因果的心，所體悟到的靈界都不會是真實的。

不論以何種形式探望在另一個世界的往生者，諸如通靈問事（靈媒／乩）、觀落陰（親自去看）、牽尪姨（附身）等等，我反而比較關心人在世時的信仰與修行，也因此，近年來找我探訪往生者的，我大都把重點放在「化解在世親人對往生者在陽間未了的遺憾」，而不過度渲染和穿鑿附會靈界世界的恐佈、驚恐、神怪等無意義的傳說。

Q3、為什麼在臨終前一刻常能看見逝世多年的親人前來探望？

A3、這可以從兩個層面去討論：

第一個部分，瑤池金母解釋，人在臨終之際，甚至在步入中、老年或知道死期將至時，會特別思念學生時期的同學、朋友或離世多年的親人，心念也會特別懸掛此生未了之事。而在臨終之際，人的潛意識會釋放出「想解決一切未盡之事」的念頭。人在世時假使沒在宗教上有特別修持，或無特別堅毅的中心思想，面對死後未知的世界大多會感到不安與恐懼，此時，「無意識」中便會聯想起已經在靈界的親人[11]，這也是進入彌留的人會特別容易看見已逝親人的部分原因。這就像當我們要去一個完全陌生的環境、團體時，會特別不安與恐懼，潛意識自然而然

---

10 泛指觀元辰宮、觀落陰、催眠等等。

11 不論當事者是否有特別去想，人的心念會自動地聯想起已經在另一個世界的親人。

便會想到那個全新的環境是否有認識的朋友、親戚。至於往生親人是否真的會前來接引即將臨終的人呢？

瑤池金母回答：

一顆有修持的心能安住於所信仰的神明，而未修持的心會投射出令心安住的人。

第二部分，人在臨終之際，與我們有緣的靈體（泛指在靈界的靈）因瞭解到進入死亡世界的人多半會心生恐懼，因此它們會化身為我們所熟悉的仙佛菩薩、已往生的親人等來接引，一則能減少我們對於未知世界的恐懼感，並化解我們對人世間種種的執著，二則有助於加速我們認知已經死亡的事實。

瑤池金母的解釋：

人往生時，我們（泛指仙佛菩薩）親自接引往生者的機會甚少，除了因緣，此人也必須對我們有強大的信仰力（連結力），大部分往生者在臨終之際所見的仙佛菩薩、已逝親人，是由與他們有緣的靈體所化。

從這兩部分可以瞭解，不論是希望仙佛菩薩或已逝親人來接引，在人世間時的宗教信仰力、善念和常與人廣結善緣等，都非常重要。

Q4、人往生後在靈界做什麼？

A4、這個問題的答案我無法有定論，但是以個人的經驗來說，我比較傾向佛陀所提及的觀念——「念」，**一個人臨終前最後一刻的「執念」是影響他在靈界最大的力量**，例如有人往生前忙於世俗的一切，一直未完成小時候的心願——當歌星，當他往生後放下世俗間情感、金錢、物質的煩惱後，便會繼續完成他最後「執念」中未完成的功課——當歌星。

以本篇中問事者的母親為例P127來說明，或許她在陽間的願並非舞者，但跳舞卻表現出她無拘無束做自己的樣貌，這也顯示她生前在家庭中是個非常盡責的母親，到靈界放下一切之後，才得以用「舞」來表現她心中的愉悅。

我也遇過另一個到靈界探訪母親的例子，陽間的兒女不瞭解母親為何而死，想到靈界親自詢問。然而在相逢之際，只要兒子開口問到死因，母親便會後退消失不見，她不願挑起陽間親人不必要的紛爭，也希望孩子放下，別再執著。

靈界是隨心彩繪的夢境，「心」堅定、良善，生前不執著於物質享受、貪愛、痴迷，到靈界後的

「夢」必定很美。往生後的美麗、良善之心，當然不是一場華麗喪禮或一部宗教經典所能造就的，它必須當我們尚在人世間時便一點一滴培養。

Q5、探討靈界往生者的意義是什麼？

Q5、人與人的關係並不會因某人離世後立刻結束。尤其是在陽間時，彼此在層層情感與俗事方面有糾葛，若往生者離世後無法獲得解決時，在世親友便會透過民間信仰中各種形式來聯繫對方，以解決心中未了之事。

陽間失落的關係寄盼在靈界空間獲得重建，主要仍是因陽間在世者想以某一種形式的追思來修補自己的遺憾，例如本篇的故事P127，當事者至靈界探訪母親，表面上看起來是為了了卻思念母親之情，但核心是希望繼續兩人在陽間的母子關係，當事者尚未從「有母親」的角色走入「失母」的角色，希望透過探訪往生者沿續母子關係。人與靈之間的溝通本就超越現實生活中可以預設的範圍，充滿了玄祕與不可思議，當它被架構進牽亡魂的儀式氛圍中，在世者在心理層面就已獲得非常大成分的療癒與撫慰。

此外，在世時，人與人之間有許多事情無法得到圓滿結局，但透過某一種形式的空間、關係重建，往往能以更簡單的方法獲得解決，例如燒紙錢或簡單地說上幾句話讓當事者心中的情感糾結獲得釋放。關係重建、悲傷療癒、時光重演等等，都是在世者欲探訪往生者最主要的心理因素，對此有興趣的朋友不妨參閱余德慧教授所著的《臺灣巫宗教的心靈療遇》，書中詳細記載並分析了在世者在牽亡魂時的種種心理。

Part2

拜拜背後未說完的祕密

在這一部分，我將分享《透視靈驗！我從拜拜背後發現改變命運的祕密》出版後，在收到許多讀者的來信中，匯整其中關於拜拜的問題，當然，一本書並無法解答所有疑問，僅希望能藉由以下的回答讓大家反省更多拜拜迷思。

Q1、行善後要向玉帝稟告才有功德？

現實中諸事總是不盡人意！我們的確也常見到，行善的不一定有好報，做壞事的人仍逍遙法外，沒有得到應有的惡報。聽說這是因為在陽間行善純屬陽間之事，想要獲得功德，必須到玉皇大帝前焚香祝禱，稟告所行之善事，經玉帝批準後才能獲得善報，這是真的嗎？

對於果報與業力有興趣的朋友，建議可以花時間參閱佛教相關經典，尤其是南傳佛教，因為南傳佛教對於業力、果報等的看法，大多依循著佛陀兩千五百年前的教義（我並不特別推崇佛教或南傳觀點，只是佛教針對因果、業力等有較細部的講解）。

關於這個問題，我較偏向佛陀的看法：「累世善惡業在今生只有影響而非絕對，同樣，今世善惡業在今世也並不一定有絕對性的結果。」過去生所造的業，在今生會因種種因緣而成為無效業，有一些必須到因緣成熟時聚集成果報，當事者才會承受善惡業的結果，所以佛陀才會表示：「前世的善惡業對今世有影響，但並非絕對。」

業的分類非常細，重大的業才會對我們造成立即性的改變，否則大多是在一點一滴之間影響我們。舉例來說，一個人以不良善的方式經商，賺到非常多錢財，表面上，他一直在享受賺得的錢，但從因果業力來看，他的財富有可能是前世所造或祖先所積之善業而來，並非完全是他經商的盈利。他不善心所造的業，並不一定會在這一世現前，可能因緣未具足或已在其他方面造成影響，像是身體逐漸有病痛、婚姻不和、人際關係出問題等等，只是外人不知道罷了。因此，**我們雖能看到他人的善與不善，卻無法單憑這點來評斷一個人是否已經承受果報。**

那麼，在陽間做的善事必須向玉皇大帝稟告才能有功德嗎？換個角度想，當你意、口、身產生不善之事，會想向玉皇大帝稟告嗎？會向神明稟告的，大多都是心中有所求或認為我們應得者，做了不良善的事，誰敢坦白？難道不向神明稟明所造之惡業就不必承受惡果嗎？當然不是。善惡業是在因果循環底下運作，神明也不例外。**你的善惡業，不必經由某位至高神明批准才會應驗**，再說，專司人間功德福報的並不是玉皇大帝，而是城隍爺，祂才是真正負責與記錄人今生功德的神祇，玉皇大帝之職責是維持天庭眾神祇的功能平衡。

很多事其實只要換一個角度想，就能看到其中的盲點。自靈修派在臺灣愈來愈盛行之後，拜拜信仰也受到了影響——人與靈之間的距離愈來愈近，任何不順遂之事都可以牽扯到主神、元神、祖先靈，這其實會讓我們離自己的心愈來愈遠。當我們將一切不順心都推給神明，不再對自己的人生負責，無形中也削弱了心對抗無常的力量。

Q2、只能拜住家附近的土地公？

聽說，臺灣的每一個鄰里都有一尊土地公守護著，如果我們四處拜土地公，就不會得到住家附近土地公的保佑，這是真的嗎？

臺灣三大求財土地公廟——臺北烘爐地、南投竹山紫南宮、屏東車城福安宮，讀者大多不陌生，也應該有不少人去朝聖過吧？會去拜這三大間土地公廟的人並不限於當地鄰里的居民，難道就會因此得不到住家土地公的保佑？

我有一個好朋友，這幾年買土地、蓋廠房、辦公室格局等都找我幫助，事業、財運一年比一年順利（相關的故事請參閱「我在人間」系列前幾本著作），每個月初二、十六總不忘準備豐盛的供品回饋附近的土地公。

有一次過年，他突然問我：「我是不是有虧欠土地公什麼物品？」面對他無端冒出、說得又不清楚的問題，我也是丈二金剛摸不著頭腦，只能選擇以元神意識請示土地公。這一問才知道，原來他曾經承諾，某年土地公生日時要請布袋野臺戲為祂祝壽，至今仍遲遲未兌現。

我轉達土地公的意思之後，他愣了一下，想起確有此事，後來他就更虔誠地拜土地公了。

在拜鄰里土地公的同時，他對於附近知名的玄天上帝廟更不遺餘力，不論是香油錢，還是廟方幫助弱勢家庭的善捐，都從來沒有少過。此外，他早年還會到南投竹山紫南宮向土地公借發財金。一次他問我：「這樣四處拜會不會對住家附近的土地公不敬？」我笑笑回答他：「這幾年我幫你不少吧？我拜瑤池金母，你也沒對瑤池金母比較好，你怎麼不問我瑤池金母會不會生氣呢？」他一聽，尷尬地笑了。

信仰就是信仰，一切以人為主，每個人都有權利追求適合自己的信仰和與心相應的神明，就算是神明，也無法左右人的信仰選擇。科學不斷進步，臺灣人對靈的世界的渴求並沒有降低，從近幾年來靈學書更加充斥市面（我也是其中一部分）便可以看出。但若人生不順遂無法突破，就無限上綱地放大靈與神祇的能力，而忽略自身心的力量，那就本末倒置了。

Q3、拜拜要燒金紙，但現在很多宮廟都規定不燒金紙了，該怎麼辦？

拜拜燒香、金紙已成為習俗，也有不少人教導燒對金紙款式才能得到神明保佑，心中所求才會靈驗，但現在環保意識抬頭，這幾年許多廟宇也不再提供燒金紙的服務，不燒金紙給神明，會不會再也得不到神的保佑？

拜拜是民間信仰的一部分，會隨時代觀念的改變而變遷，就像早期的供品以牲畜、水果為主，如今也逐漸改變成麵包、泡麵、汽水……。燒金紙這個流傳千年的習俗也一樣，雖然靈性較低的神祇、鬼靈可能需要藉由燒金紙時的熱量來獲得生存力量，但靈性較純淨、層級較高的神祇並無這個需求，這在《透視靈驗！我從拜拜背後發現改變命運的祕密》已有詳細說明。所以，燒金紙之於拜拜能否心想事成，並沒有太大的直接關係。

將意識力量轉化成物質，以及物質轉化等過程，在意識力量較薄弱的情況之下得仰賴四大元素——水、火、風、土——的力量，焚化金紙便是火這個元素。因此，拜拜時心中有所求，透過燒化金紙的火元素轉化，在某些時代確實有助於心想事成，但它仍有幾個條件：在燒化金紙時一心不亂地專注於所求之事、持續觀想負面之事隨金紙焚燒而消失等。這看似簡單，仍回歸到一個重要的問題：你的心有力量嗎？夠專注與純淨嗎？**心有力量再加上觀想與能量轉化，燒金紙才能有助於心想事成。**

那麼，現在很多廟宇規定不燒金紙，又該怎麼辦？

因環保意識抬頭，有些廟宇不再提供個人燒化金紙的服務，大多是統一集中後再一車一車載去焚燒，這個方式雖可達成環保的目標，但從靈的角度來說，你所膜拜的對象並得不到那臺車上金紙的能量，更別說達到能量轉化的效果，因此有人會建議將金紙帶去可以焚燒金紙的廟宇或帶回家燒。我個人反而覺得——隨順因緣吧！既然廟宇不再提供燒金紙服務，我們也不必硬守住這個習俗不放，倒不如把心力放在「拜拜」上，一心不亂以意念向神祇祈求。畢竟，「拜拜」當下所產生的力量才是與仙佛菩薩連結的不二法門。至於拜拜時要如何與仙佛菩薩願力連結，本書和《透視靈驗！我從拜拜背後發現改變命運的祕密》都有一些建議。

Q4、網路報名消災法會與祈福，真的有用嗎？

隨著科技與網路的進步普遍，民間信仰也搭上這股風潮，開始流行在網路上報名點光明燈、安太歲，每到宗教重要節慶，也會有一系列網路報名但本人不用到場的消災祈福法會。這樣做真的有效嗎？如果本人真的有事無法到場，是否有其他方式可以達到效果？

不論是消災祈福或點光明燈、安太歲，最重要的不是儀式、參加與否，而在於參加者的意念和心的力量，儀式的目的是為了收攝、安撫人心，必須一心不亂地專注於所想之事上。

以消災祈福法會來說，當一個人來到法會現場，但心仍掛念著工作、感情、財務等等，或是內心充滿了抱怨、不平、胡思亂想……，就算儀式中有眾多仙佛菩薩降臨，法會對這個人的幫助還是微乎其微，根本達不到消災祈福的效果，更遑論是本人未到現場的儀式了！

我一個從小茹素的虔誠佛教徒朋友，分享了這樣一個真實故事：

多年前，他每一年必定參加某佛寺舉辦的普度法會，每次法會結束前，主事法師會將眾人的隨喜供品灑向廣場，作為施食無形眾生的放焰口儀式（一種施食餓鬼的佛教法事儀式），此時總會有一位年歲已高的老奶奶拿著布袋搶地上的食物。雖然這些食物最後還是讓眾人拿回去，但從宗教禮儀來說，得等法會結束後才能拿取，而老奶奶卻在法會未結束時就拿布袋狂掃地上的食物，既不得體，也不符合宗教儀式。

參加普度是為了藉由施食無形眾生，修得慈悲心，但這樣的行為要如何修慈悲心呢？

大多數人會認為在網路上報名消災祈福法會，繳了錢、遞上了個人資料，神力無邊的仙佛菩薩便會給予加持、持福，然而事實卻是：當事者的心念未在當下參與法會，是得不到於法會產生的功德與消災之效的——因為少了「專注的心念以及對神明願力的相應」。

如果你因故無法到法會現場，又想得到法會的功德與祈福，最好的方法就是在法會進行當天，在家中或找一個寧靜、舒適且不被打擾的場地，在法會進行前，安靜地打坐幾分鐘，讓紛亂的心安住下來，再仔細觀想報名的法會場所樣貌，同步修持法會念誦的經文、咒語與儀軌，如此便能在「專注的心念以及對神明願力的相應」原則下在異地達到與法會同步的祈福與功德。

點光明燈、安太歲部分，如果年節報名期間本人無法到場，廟方有開放網路線上報名，建議讀者還是必須先到寺廟走走，**瞭解廟方是否有固定每月初一或十五以及在仙佛菩薩聖誕日，請法師到場念誦經文**。若廟方沒有做這樣的功課，僅有點燈儀式，那就不建議在該寺廟點光明燈、太歲燈。

反之，則可以在網路上報名，再另找時間到寺廟上香向堂上主神稟明：「本人報名期間因事無法到場，今日準備鮮花素果前來，祈請堂上主神保佑弟子今年一切平安、順心。」

對待神明、拜拜儀式和信仰，一切都應懷抱一顆虔誠、專注、寧靜和尊敬的心，勿抱持花錢了事的輕浮心態，當你的心如何看待宗教儀式與神祇，上天也會以相同的力量反饋到我們身上。

Q5、聽說拜神明要拜對水果，真的如此嗎？

聽說拜哪尊神明就要準備何種水果才會靈驗，另外，有些水果則不能出現在供桌上面，以免對神明不敬，這是真的嗎？

拜神的供品中，我們最常聽到的就是「四果」。四果指的是一年四季當中所產的水果，並非要你準備四種水果。

關於拜水果，老一輩也有許多的禁忌，舉例來說：吃芭樂後，因為未被消化而排泄出的種子依然能拿來種植結果，這樣的芭蕖再拿來拜拜，會對神明非常不敬；蓮霧內中空，拜神會漏財；釋迦外型像佛祖的頭，拿釋迦拜拜對佛祖不敬；香蕉臺語取其諧音有「招來」與「九怪」之意，所以七月半不拜香蕉（招來），生意人也不拜香蕉（以免客人九怪耍花招）……。

有些人會將作為供品的水果放大詮釋，以致有傳聞拜何種神就要準備相關的供品，或說要準備何種水果才能討神明歡喜，拜拜才會靈驗，例如拜鳳梨求旺旺來、拜橘子求大發利市……。說穿了，這只是人們藉著水果的諧音，希望能獲得心理的平安與慰藉。

話說回來，難道這幾千年下來，拜神的供品都沒換過嗎？難道神明不會想要換換口味？再想想，土地公只是一種神祇的職稱，並非單指神明本身，觀世音菩薩、月下老人、三太子都一樣，依附在某間廟宇的土地公、觀世音菩薩的靈，並不等於與你家或其他廟宇的土地公、觀世音菩薩有關係，若真要說拜某尊神明得拜某種水果才能靈驗，又怎會將神明統統納入喜歡同一種口味呢？其實，這也是後人因為拜拜不靈驗後，補償心理作崇罷了。

拜水果是不是真有禁忌？到底拜什麼水果、供品神明才會保佑？我建議大家重新思考一個問題：神明要的是我們的虔誠心？還是桌上的水果、供品？**堂上神明之所以繼續留存於人間，取決於人們的虔誠心與尊敬心**。再有神威的神祇，如果祂依附的神像沒有人膜拜，久而久之也會退靈而失去其光彩，因此祂們最希望與想要的，應該是我們的一顆心，少了那一顆心，準備的供品再豐盛，也沒有什麼意義！

請卸下心不必要的束縛，再獻上你的虔誠與尊敬，這樣祂們一定會歡喜的，用這樣的心，想拜什麼水果、供品，都不會有禁忌。

Q6、要拜有緣的主神，人生才會一帆風順？

近來常有人說，拜拜不靈驗，是因為拜了與自己沒有緣的神明，要拜有緣的主神，祂們才會保佑我們一生一帆風順。這是真的嗎？

拜主神、接靈脈等說法，最早應源自臺灣靈修派，我的碩士論文《臺灣民間信仰中靈修模式之研究》中，從不少前人的文獻研究中發現：

早期靈修前輩方美霞、許秋霞、陳玉霞帶動起了靈修派一系列的靈修模式，其中，會靈山、接靈脈之說來自於許秋霞老前輩，她的靈修觀念影響並帶動起後來靈修派最大的系統——慈惠堂母娘的會靈山風潮。

陳玉霞前輩在民國二十五年十五歲的一個夜晚，被神授予手面相術，通靈之後自我修練成神，建立了「上天老師」一脈的通靈系統，於後期開創接主神、點靈之說。陳老前輩在民國六十七年端午節因腦溢血病故後，其所創立的菊元真道宗沒落，其門徒有一部分不再會靈山、接主神，一部分則轉往方美霞門下。

民國六十五年左右，屏東南州忠義堂的陳玉山老先生在開壇的時候，以無極法開創點靈認主的儀式，從那一刻起，點靈認主便不再是靈修派的專利了，民間信仰、通靈、私壇辦事等大多都會觸及點靈認主，甚至一些宮壇、有心人士也會以點靈認主為名，廣召自己是天人轉世或有某某主神護法等。

其實，點靈認主與民間信仰的祭改、點光明燈、改運一樣，僅是人在不順遂時心靈上的寄託，對實修與改變命運的效果並不大。

我曾遇過不少人點靈認主（甚至有人搭飛機到中國接受相關儀式），事後他們幾乎都有一個共同的疑問：沒有任何感應，不順遂之事也未獲任何改變。而當他們反問主事者時，對方會表示這是虔誠心不夠的關係。此外，也有不少人在點靈認主後來詢問我：「請問，我的主神真的是某某神明嗎？」這個疑問其實突顯了一個關鍵——點靈認主並無法勾起人們內心對神明的虔誠心以及尊敬心，亦無法增強改變生命的心的力量，因為這兩者都必須經過後天實修與鍛鍊而來，少了實修與觀照生命的力量，又要如何與主神相應？

每每有人問我點靈認主是否真的有效時，我都會反問對方：「如果真的有效，那對我們這群走靈修十多年的人而言，豈不是很不公平？」我看過許多真正的靈修實修人，不食大魚大肉，每天精進地靈動和訓體，每到假日，不論颳風下雨往仙山廟宇會靈……，這樣的虔誠心是外人難以想像的，或許他們得經過幾年的修行，才能略知與主神之間的因緣，這並不是隨便一人用外力加持所能取代。

靈修必須靠一點一滴的實修與努力，心才能感化並相應主神的願力，假使能做到這點，就算不點靈認主，有緣的仙佛菩薩還是會得到感召並給予保佑。如果你因為人生不順而想點靈認主，我會建議你先靜下心來好好想一想：你的虔誠心在哪裡？你花了大把銀兩點靈認主之後，就真的會對他人口中所說的主神深信不疑嗎？

這些，都很值得我們深思。

Q7、擲筊可以問神明是不是我們的主神嗎？

聽說利用擲筊可以問出神明是否為我們的主神，這是真的嗎？

多年前，有人來詢問我某神明是否為他的主神，他曾到某廟宇的斗姆星君前擲筊詢問，一開始沒有反應，但他先擲筊確認祂有在神像內後再問一次，祂便給他連續三個聖筊，所以斗姆星君應該是他的主神。不過，他還是想來請我幫忙印證此事，我笑著回答他：「既然已透過擲筊請示神明並得到答案了，又何必再問人呢？你是不相信斗姆星君，還是不相信自己？」見他沉默不語，我又丟了一個問題給他，請他去別間廟宇的斗姆星君詢問相同問題，或問其他神尊是否為他主神，說不定會愈問愈困惑呢！

這個問題讓我想到在《透視靈驗．我從拜拜背後發現改變命運的祕密》中寫到，當我詢問如何拜才能得到神明保佑時，九天母娘反問我：「為什麼人們拜我們，我們就要保佑人們？」九天母娘的意思是：人們希望在拜拜時得到神明的護佑和幫助，但在日常生活中，我們是否以相同的心來幫助身邊值得被照顧的人呢？「擲筊能否問出神明是不是我們的主神？」這問題和上述問題非常類似——為什麼我們擲筊問神明是否為我們的主神時，祂們就要回答呢？或許你會說，神明都是慈悲且有問必答的，**但修行可不只修一顆慈悲心，它必須與智慧同步共修**，這就是所謂的慈智雙修。少了智慧的慈悲，將會陷入爛慈悲、假慈悲的迷障中，而少了慈悲心的智慧，自然不可能成就大菩薩的果位，因此，佛陀才以「修福不修慧，白象掛瓔珞。修慧不修福，羅漢托空缽」的故事來提點慈智雙修的重要性[1]。

既然慈悲須與智慧同修，慈悲的仙佛菩薩豈不具足智慧？具大智慧的仙佛菩薩自然也會判斷該如何以帶智慧的話語巧妙回答我們的疑問，如果只是有問必答，祂們就不是擁有大智慧的仙佛。回答祂們是否是我們的主神，**對於解脫生命的苦毫無幫助，也不具意義**，既然如此，祂們怎會輕易回答這問題？

與其在「擲筊能否問出神明是不是我們的主神？」上鑽牛角尖，倒不如將心力放在生活上，好好充實人生，找到屬於自己一套解脫生命苦的實修方法，可能還比較務實。而且，就算問到某神明是我們的主神，對生活又能有什麼幫助？走出寺廟，面對問題的還是我們的心，並不是祂們啊！

[1] 見《我在人間與靈界對話》。

Q8、到寺廟與宮壇拜拜時，常會不自覺打嗝，這是怎麼一回事？

常在廟裡聽到有人打嗝打得非常大聲，甚至可能你我本身，進到宮壇或寺廟時就會不自覺地打起嗝來，這是怎麼一回事？

人體不僅是由所看到的物質（皮膚、毛髮、骨骼……）所構成，尚包含了人眼看不到的精、氣、神等；我們所處的空間不僅只有肉眼所看見的物質（水、火、風、土所組成），每種物質都隱藏著我們難以覺察的能量。一個人到香火鼎盛的寺廟或靠近較特別的氣場時，容易有打嗝、打哈欠的現象，只能表示這個人體內的氣場與外界的氣場產生反應，這很正常，並不足以為奇。

瑤池金母曾對這個現象提出解釋：

肉體對看不到的氣場產生的種種反應，都必須回歸到肉體去反省：是否肉體的健康在哪個環節出了問題？

瑤池金母進一步舉例表示，常因為進到廟宇而不自覺打嗝的人，大都有氣瘀胃、中脈與橫隔膜的狀況。體內不流通的氣接觸到外在能量時會相斥，此時便會以打嗝的生理反應排出淤塞的氣，而打哈欠多半是平日用腦過度、睡眠不足，以及大腦與身體缺少健康的含氧量所致——一個人到氣場較強的廟宇、道場、仙山聖地或氣場紊亂的空間時，一樣會與身體氣場產生相斥而打哈欠。

也常常有讀者這樣問我：「容易打嗝與打哈欠的人，是不是代表他們具有通靈體質呢？」臺灣的民間信仰已將通靈二字過度聯想，諸事都能扯上關係。事實上，這種現象與通靈體質完全無關，嚴格上來說，只能解釋成體質敏感——這在氣場不穩定、身體較弱或常練氣功、做靜態不激烈的運動（如瑜伽、內觀呼吸、太極拳等）的人身上可以觀察到，是很正常的身體反應。

除此之外，也有人身體完全沒有上述的健康問題，依然會常常打嗝、打哈欠，這在私人宮壇還蠻常見的，我暫且將它稱為「假性敏感體質」，這些人由於常聽到宮壇內的人說打嗝、打哈欠是接到仙佛菩薩的訊息或可能是身體要排出體內業力，因而心生嚮往，長期下來，潛意識不自覺影響了身體，也開始常常打嗝、打哈欠，純粹是心理影響了身體——就好像小朋友會有假性感冒，其實是因為想逃避上學，這是一種非常有趣的私人宮壇文化心理學。

建議讀者不要過度想像通靈世界的美好，也勿以為通靈就是這麼膚淺，少了實修與正信的態度，小心會走入心魔世界而不自知。

Q9、拜陰廟會不會被鬼附身？

聽說臺灣宮壇內許多神明不是正神聖靈所依附，那麼，如果常常拜陰神的廟宇，會不會更容易招惹鬼靈上身，導致事業與生活不順？

我個人走靈修十多年，參拜過臺灣大大小小的宮壇、廟宇，再加上時常到國外去旅行，參觀過世界知名的教堂、廟宇、清真寺……，例如世界第一大教堂梵諦岡聖彼得大教堂；世界第四大教堂米蘭主教座堂；全世界最大佛寺泰國法身寺；摩洛哥的全世界最高、二百一十公尺宣禮塔的哈珊二世清真寺等。令我印象深刻的，不是聖靈對人的影響，而是人心在信仰中得到崇高的力量之後，蓋出這些流傳後代子孫、聞名全世界的宗教建築。

我在著作中一直在分享一個非常重要的觀念——**是我們的心與信仰左右了鬼神，而不是鬼神的力量操控人生。**

佛陀以一位凡人之軀苦修六年後證得正等正覺的果位，告訴弟子：「人要以功德、要以心而安住，勿以山神、鬼靈而安住。」人活著必須時時刻刻檢視自己的心，平時多持善心、平靜心和平等心，如此才有功德，這是一個非常重要的修行與實修觀念。

回到我們的問題：「拜陰廟會不會被鬼附身？」其實，每間廟宇裡的靈都是待修的靈，不論是依附在陰廟還是頗具規模的寺廟，這些靈與我們一樣，都處在這不斷輪迴的三界天中（欲界、色界、無色界）待修行，既然是待修行，也就還有情欲、我執與苦，只要膜拜者與主事者沒有害人之心，它們又怎麼會對我們產生影響？我只聽過執事者、主事者或膜拜者起了不善心，利用宗教、神明名號、靈的力量來騙色、牟取不利之財……，還沒有看過無形界的靈無來由害人。

人與靈的關係來自於意念的牽引，你發出何種念頭便會吸引相同信念的靈（人、鬼、靈）。

瑤池金母是以畫面示現這個道理讓我明白——

當一個人站在一間幽暗不明、充塞著許多混濁沉重氣體的寺廟主殿裡，如果他的內心是純淨、聖潔與開放的，他的「心」便會形成一個蛋膜般的氣場，混濁的氣體沾染不了他的身體，而他的心也會與相同信念的仙佛菩薩相應。

我頓時領悟到，人心混雜著各種習氣——這就是人。人世間的聖潔空間中，正面與負面的氣場、靈都有，與其找出哪一間廟是正神，哪一間是邪神，不如先端正自身的心，自然便會相應到與我們信念相同的靈。一旦人心不善，依附在神像的靈自然靈格不高——就算是如此，**真正對人有害的，並不是靈而是人啊！**

因此，拜陰廟並不會無來由被鬼靈附身，你倒應該好好觀察所拜的宮廟的主事者，他們平日的所作所為才是影響神像內靈的素質與靈格高低的主因。一個良善且正信的神職人員或靈媒，絕不會散播令人疑神疑鬼、心生恐懼的說法，因為，他的心良善且純潔，必能看透世間一切的陰陽之道。

Q10、拜公媽時觀察香的長短，可以判斷祖先要透露的訊息嗎？

有人說，拜公媽時香燃燒到一半，觀察香的長短和捲曲形狀漂亮與否，可以推測祖先要傳遞的訊息，這是真的嗎？

其實，在農民曆上也可以看到這個老祖宗們傳下來的觀察法呢！流傳已久的民間信仰、習俗都是拜拜文化之下的產物，它增添該文化的豐富度與樂趣，也不失拜拜時對先祖、仙佛菩薩的心靈寄託。要注意的是，在有心人士的推波助瀾之下，這樣的文化其實已有被扭曲的現象，若過度詮釋香在燃燒後的意義，以增加信徒對主事者功力的信任，那就失去了古早祖先們傳下來的祭祖美意。

老實說，**祖先往生後對後代子孫的影響微乎其微**，生前他們沒有能力改變自己的心性與命運，往生後又如何有力量從陰間來到陽間，傳遞它們在另一個世界的訊息呢？所以我認為，信不信因人而異，只要不過度與放大解釋就行了。

現在，讓我們從另一個層面來思考以香之長短觀祖先之意的論點，說真的，祖先若真的有重大訊息要指示，方法一定很多，應該不會只在香的長短上面做文章。民間信仰是生活的調劑品，幫助我們從種種「象徵性」的隱喻語言（例如香、擲筊、夢）中洞徹人生問題，然而，一旦你過度看重它，幾乎把它當成「生活唯一的指引」，反而會讓你忽略了生而為人重要的使命——從生活中肯定自我的價值。

Q11、神托夢之事可不可信？我們又該如何做？

一個跑靈修、已會靈動和講靈語的讀者，曾來信提到一段親身經驗：「有一次做夢，夢到有件衣服放在宜蘭三清宮等我去領，夢裡的人都十幾層樓高，衣著似乎是古代的。夢醒後我親自去問，他們（宮壇）跟我說有這件事，但一定要透過他們才能領，這我不太認同……。」你是否也有類似的經驗呢？曾疑惑是否要照辦呢？

在一場講座中，有位聽講者詢問我：「神明托夢要交辦事情時，我們該如何處理？」我當下的答覆是：「盡力而為，如果超過我們的本分與能力，就放下。有些事不做對人生沒有影響，但人的本分與盡力生活對我們卻相當重要。」

夢的含意真真假假、假假真真，融合了人在清醒時的複雜想法與感受不到的潛意識，單憑夢境去推斷神明的訊息，似乎過於單薄。

從精神分析與靈性角度來說，「夢」是人在追求「英雄旅程」的過程，透過夢境的詮釋，人們會從潛意識的虛幻世界更加認識真實世界中未知的自己，這種夢與現實之間的溝通，就像神話故事中英雄人物經過重重關卡而得到上天賜予的禮物，重點不在那個禮物，而是在追尋（夢）的過程中得到何種心的體驗與淬鍊。

記得曾有人詢問過我相同的問題，瑤池金母解釋：

他夢見神明是因內心在現實生活中得不到家人、朋友的肯定，所以希望得到神明與更高力量的肯定，故透過夢（內心）獲得信心，以平衡現實中的失衡。

當然，並不是每一個人夢見神明都是這樣的情況。講座中那位問問題的讀者後來寫了e-mail給我，他夢見神明指示有衣服放在宜蘭三清道祖廟要他前往領取的事，我是這樣回覆他的：

靈修是一條複雜又難有理論的修行，是一趟心與心之間不斷的對話，僅就你文內所提之事，就我個人多年的經驗，有以下幾種可能：

一、考驗你是否有成熟的心，看你如何處理這個夢。

二、神明欲藉此夢來引導你去三清宮，但後續如何演變是你的造化。

三、或許這個夢並非你的功課，而是用來考驗你們宮壇人如何處理這件事。

靈修不太可能有單一性的指示，充滿智慧的神明也不可能明確指示人們如何做，祂們會以引喻、暗喻等方式讓你有機會檢視自己的心。

如果你選擇依照夢境去執行神明的指示，失落感可能會大於心中的領悟，就如同這位讀者在信中所提的：「一整車師兄師姊到了宜蘭三清宮後，帶頭的就開始拜了起來，後面的人都還不知道在拜誰、在說什麼！輪到我要領衣服時，其他師姊寫下落落長的天文要我拿著對道祖稟告，我問她上面寫什麼、要稟告什麼？得到的回覆統統是：『你沒有必要知道，跟著做就對了！』最後就是擲筊確認領到了沒，然後再燒化掉，大家開始恭喜我，說我領到官服……。當下，我也跟大家道謝，但在開車自行回飯店的路上，我一直在哭。喜極而泣嗎？不，我覺得自己蠢斃了！我在幹嘛？這是我的修行路，為什麼是別人在寫、別人在弄、別人在說？而我，只要拿香跪著，領了一件我不知道是什麼、也不知道為什麼而領的衣服，然後再接受大家的恭喜！這像話嗎？」

靈修、拜拜都是信仰的一部分，比較可惜的是，它常常會缺少深入與紮實的基礎與內涵，大多著墨在表面與人云亦云上。回到問題本身，夢見神明托夢時，我們該如何面對？我認為不應該直接就夢解夢，夢中呈現的畫面應是一種意境，重要的是當事者如何去詮釋，並透過思考得到更高一層心的領悟。

Q12、拜拜要說什麼？神明聽得到我的心聲嗎？

我常常看到人們在拜拜時，拿起香就一直拚命說話，這樣做，神明就可以聽到我們的心聲了嗎？

孔老夫子講過這樣一句話：「祭如在，祭神如神在。」又說：「吾不與祭，如不祭。」簡單來說，不論是拜鬼（祖先）還是祭神，祭祀當下都必須「如在」。祭鬼時要一心想像祖先鮮活地在我們心中；祭祀神明的時候，也要一心一意想像祭祀膜拜的神明模樣，彷彿祂真的站在我們前面。有這樣的虔誠心，便能感受到神鬼如實地與我們同在，這便是祭祀的要點與其精神——孔老夫子說的「如在」二字非常重要，也點出祭祀的核心精神：一心一意地觀想它，鬼神也就與我們同在，因你的意念便能與鬼神連結。

我曾向豐原慈濟宮後殿觀世音菩薩請示過：「祢如何傾聽堂下無數上香人的祈禱與心聲？」觀世音菩薩告訴我：「你用人的角度看我們，並無法思透靈界的奧妙。人們是用意識與我們溝通，透過意念的溝通，可以在同一時間內與無數人心連心，那是超過文字與語言所能理解之事。」

我們在拜拜時不斷喃喃自語，祂們反而不一定聽得比較清楚，當然更不是喊愈大聲祂們愈能聽到，**神明要聆聽人們的心聲，是透過「心的意念」而不是「從耳朵聽到聲音」**。你可以這樣做：

①在心中默念，不出聲，內心愈專注，祂們愈能清楚知道我們想稟告之事。

②在心中觀想圖像，例如向神明稟告住家地址時，默念之餘再配合觀想家中的外觀，祂們將能更快速地查到資料。如果拜拜祈求內容有人的因素，例如希望與合夥人合作成功，除了稟告合夥人資料（出生年月日）外，觀想合夥人樣貌也有助於神明快速知道你口中所講的人是哪一位。

Q13、在拜拜時，該如何檢查請求神明的內容能夠實現？

每次在拜拜前，總是有許多想法與念頭想對神明說，拿起香後就不知該如何開口了，是否有什麼方式可以先幫助我們釐清想請求神明的事情？

首先，求神前請先自問你是否有「口是心非」的情況。

有時候，我們拜拜所求的事情沒能實現，原因常出在對於所求之事「口是心非」或不肯定的情況。請不要跟神明講與心中想法有牴觸之事，當心與願望相違背，神的力量便很難在我們身上彰顯。曾經有人來找我問事，問是否有機會生子，祂們這樣回覆她：「妳似乎只想應付夫家的要求，並沒有很想要生小孩。妳認為生小孩是人生大事，夫妻倆的相處還有很多地方要磨合，若在這時候生小孩，好像不是很妥當。既然妳心中已經做好這樣的預設，何必來問事呢？」

在拜拜求神明助我們一臂之力之前，請先把心靜下來，好好思考自己對於祈求之事是否肯定及自信。肯定與自信都不是神明能給我們的，得靠自己去努力，神明看待人們問題的角度是：「當一個人跌倒時，我們並不會去扶他一把；當他願意站起來的那一刻，我們才以精神助他一臂之力。一個願意靠自己力量站起來的人，我們的力量便在他們身上顯現。」

我曾遇過想詢問現階段應該如何幫丈夫衝刺共同創立的兩人公司的例子，以他們公司的營運狀況，短期內沒有多餘的資金請一位負責行政會計的同仁。此外，她的身體狀況不好，結婚多年，如今都快四十歲了，一直未能如願受孕，也想瞭解近幾年是否有因緣受孕生小孩。

我於是問了她一個問題：「妳的身體情況非常差，醫生也表示受孕機會不大，就算受孕，也將經歷一段艱辛的懷孕期，若要順利生產，妳必須安胎、好好休養。我想問的是，蠟燭難以兩頭燒，懷孕或幫助丈夫二選一，妳要選擇哪一樣？」我的問題很務實，這應該是問神前應該先思考的問題，但她卻被我問倒了，整個人愣了許久，答不出話來。

我告訴她：「神明不是萬能的，正神也不可能指使一個人該如何去完成人生夢想，妳在問神前應該仔細好好想一想，自己到底想要選擇什麼？」為了讓她有臺階下，我還是替她問了神明，祂們的答覆簡明扼要：「公司的經營至少可以維持十年的穩定成長，不論是否有她的協助，公司依舊會按照既定的運勢走下去。」最後，神明又補充說明了一段話：「她的心已經亂了，不論選擇哪邊，都只是造成她的困擾罷了，先讓她沉澱一陣後，再來討論這個問題吧！」

一般人聽到神明的回答，應該就會放心養好身體準備受孕，但她依然陷入兩難的窘況，可見靜

心並不會在問神後發生，平時就該修心。她的故事不也是我們常會遇到的問題嗎？我們以為神明會幫忙解決眼前的煩惱，然後就沒事了，殊不知人生的問題本就是一層又一層——問神前，別忘了要先搞清楚自己的想法。

當你在拜拜前，發現所求之事與內心真的願望相違背時，又該怎麼辦呢？《祕密天天練》中有一段話提供了你我都可以參考的做法：「如果你的某個行動好像跟你想要的事物互相牴觸，請在採取那個行動時運用想像力。你可以每天利用你的行動協助你想要的一切，舉例來說，在開你的舊車時，你可以想像你其實是在開你想要的新車；伸手拿皮夾時，你可以想像它裡面裝了滿滿的紙鈔。你可以把任何行動轉變成一個與你想要的事物一致的扮家家酒遊戲。記住，吸引力法則並不知道那件事是真實的，還是想像的。」

分享一個寫這段文章時的小插曲，當我無意翻到《祕密天天練》這段非常適合這個主題的段落，但寫下來後又覺不妥時，我又再繼續看下去，但仍找不到合適的內容來詮釋這個問題，於是，我闔眼在心中默念，請給我一段能貼切符合這問題的一句話，當我再次無意識地翻書本時，這一段話再一次跳出來，此時，我相信這就是仙佛菩薩、靈聖給予的指示了！

另一個重點是，不要丟申論題給神明。

我在為人占卜或問事時，最常遇到的問題是——「我該怎麼做才會賺大錢？」「我已經做過很多行業，還是一事無成，做什麼工作才符合我的天命？」「我要讀什麼科系，以後才會有前途、有發展？」遇到這樣的問題，我大多會先與對方做細部溝通，瞭解對方的興趣、志向以及專長，再以所得的資訊進行占卜或問事。很多人都以為神明應該知道每個人的未來發展和天命職責，只要把問題丟出去，祂們便會指引一條明路，但這其實是不對的。

記得退伍前，我曾到宮壇問神明未來要從事哪方面的工作，神明的指示是五行屬土的工作，尤以房屋仲介最好。但不論祂如何說服我這個工作好，我心中仍有一個疙瘩：「我不喜歡做業務。」想當然爾，我從來沒做過這一行。現在回想起來，以當時市場來看，當房仲應該有機會賺大錢，但畢竟志不在此，就算硬著頭皮做了，也不會開心。

在拜神、問神祈求祂們幫忙時，真正的神明只能順應當事者的興趣、專長和志向給予建議，未來一切的造化仍掌握在人們的手上。反過來說，當人們心中毫無頭緒、定向時，神明也是會面臨「巧婦難為無米之炊」的窘態。有不少人在年輕時遵照不同神明的指示換了好幾種工作，繞了一大圈後仍一事無成，細問之下才知道，這些工作都不是他們的專長與興趣——只一味相信神明的話而去從事，想當然爾結局是如何。問神最好的方法應該是先自問——「我喜歡這份工作嗎？」「我想要賺大錢，這幾個投資的機會哪個好？」「我很清楚自己有興趣的科系，希望神明能幫我順利考上。」把問題一件件釐清後，再去拜拜求神幫我們，這樣才會比較順利。

拜神，是希望在神明的加持下，讓事情更順利，而不是向神明祈求空洞不著邊際的事，像是「賺大錢」、「早生貴子」、「順利考上一所理想的大學」、「這次與人合作能夠成功」……，這些問題看似明確，其實是一個個大難題，神明並不是我們肚子裡的蛔蟲，怎麼知道我們祈求的事情是什麼？**最好的拜神觀念是，心中要有明確的方向，再請神明助我們一臂之力**，在此提供該如何向神明稟告事情的方法。例如：

- 把「希望賺大錢」改成「我今年開了一個店（餐廳、公司）投資，希望座上神明給予幫忙。」
- 把「早生貴子」改成「多年來一直努力，卻始終未受孕，這次我們又很努力做了○○○的努力（吃中藥、試管嬰兒等），希望在○○年有機會受孕成功。」
- 把「順利考上一所理想的大學」改成「我有努力準備，希望在今年○○考試的時候，考上○○○大學。」
- 把「希望這次與人合作能成功」改成「我的合夥人名字是○○○，出生資料是○○年○○月○○日，請神明幫忙，讓我這次與這位合夥人的合作順利成功。」

Q14、該持何種經、咒給往生親人，它們才會收到功德，受到仙佛菩薩的庇佑？

常有人問這個問題，家中某某人的忌日將至，想在家祭拜並念經迴向給對方，到底該念什麼經才合適呢？

沒有任何一部經文通用於所有人（包含往生者），因為每個人都是獨一無二的，人心也是複雜的。換個角度想，所謂適合的經咒就是——我們願以哪一尊仙佛菩薩的願力為依歸和效法對象。一般人會認為持《地藏王菩薩本願經》時的功德、願力，往生親人在陰間才能領受得到，因為我們認為它記載了地藏王菩薩的願力（地獄不空，誓不成佛）。其實，地藏王菩薩之大願包含了：「未來世中，若有善男子善女人，於佛法中，一念恭敬，我亦百千方便，度脫是人，於生死中速得解脫。」意指任何人只要恭敬禮拜佛法，地藏王菩薩願現種種法相與願力度化眾人——地藏王菩薩的願力是要乘佛法之願力教化六道眾生，不單單是投報地獄界之眾生啊！

然而，站在持咒、念經的立場，建議大家可以從以下角度選擇適合的經咒：

①持誦之人與何部經、咒比較相應，平時有相應，持咒該經文才會有力量，如無相應，力量會比較薄弱。

②持誦之人與哪位仙佛菩薩較相應（經、咒都是特定仙佛菩薩之願力，例如《藥師咒》源自於藥師佛），如果持經咒的人平時有相應之仙佛菩薩，持經咒時相應心會產生更大的願力，迴向時，另一世界的親人才會領受。

③往生親人生前是否有特別信仰的仙佛菩薩、經咒，如果持經人與對象都無特別相應之經咒與仙佛菩薩，那麼念經對往生親人的幫助不大，這就像一個人生前不信菩薩，往生後又如何因持經《大悲咒》而被願力和菩薩被澤呢？

每位仙佛都是發大願、持大悲心才能成為天人，我相信只要在持咒念經時發願，並投注專注力、精神和虔誠心，無論持哪一部經咒，往生親人都能領受到仙佛菩薩的願力與功德。

Q15、人生有疑問，我應該要相信哪一位通靈人所說的話？

同一件事，不同通靈老師給不同的答案，到底要聽誰的？向神明詢問時，每尊神明給的籤詩也不一樣，到底要相信哪位呢？

我曾遇到不少人帶著各式各樣的人生疑問來問瑤池金母，例如——「我是否該離職？」「我何時才能買房子？」「他（她）是我的真命天子（天女）嗎？」「我該不該拜某人為師？」「我的天命是什麼？」「我該不該拿掉小孩？」「我今年該生小孩嗎？」……，這些包羅萬象、千奇百怪的問題，說穿了，就是一顆心已混亂與不平靜，無法自行做出決定，才會寄望神明能幫忙做出一個「正確且不受傷害」的決定，卻忘了人生道路最終還是得靠自己走，畢竟，能夠做出「選擇」與「改變」，才是當人的樂趣啊！分享一則佛陀在世時的故事給大家——

有一年，佛陀在舍衛城講法，有一位年輕人每晚必到，但是日子一天天過去了，他和其他人沒什麼兩樣，只是用大腦吸收世尊所說之法（知識），從未付諸實行法的教義（實相、智慧）。某一天晚上，他提早來到講堂，發現現場只有佛陀一個人，他於是向佛陀提出疑問，這麼多年來，許多人都跟隨在佛陀身邊，有些人證道了離苦之法，有些人依然不斷跟佛陀請教許多人生疑問，這些人的人生並沒有改變，只將佛陀當成神明一樣，不斷把問題拿來問佛陀，他想知道為什麼會這樣。此外，他還進一步問佛陀，既然佛陀具有大神通，想必能扭轉因果、賜予智慧指點迷津，為什麼他不讓每個來問問題的人都得到心的解脫呢？

佛陀先是笑笑的詢問年輕人從何處來？他向佛陀表示自己住在舍衛城，但老家卻在王舍城。佛陀接著問他是否明確瞭解兩地之間的路該如何走呢？他點了點頭，表示這些年來他往返兩地做生意，即使半夜矇著眼睛，仍可以平安地走在兩地的路上。

佛陀進一步問了，當有人向他請教兩地之路該如何走時，他是否願意無私地分享？他回答說，路不是他開闢的，是屬於每一個人的，只要有心想要從某處走到另一城市，他當然願意無私且詳盡地解說。此時，佛陀又提出了問題：「經你詳盡地解說後，人們就順利地走到另一個城鎮了嗎？」他驚訝地表示：「這當然是不可能的啊！就算知道了，也不算真正的瞭解，人們必須自己親自走一遍，才會抵達另一個城市。」

佛陀笑了，依著年輕人所說的話，解釋了「智慧法」的道理：「我與你一樣，瞭解從此岸通往彼岸的方法，人們來找我，就是知道我深知從苦岸通往離苦的涅槃之路，我與你一樣，都不會隱瞞一切，我的法適用於每一個人，並沒有吝法在其中，但再詳盡地解說這條通往離苦之路，人們若只是聽而不願去走，依然不算真正得到解脫，我更不可能將所有人扛在我的肩上，帶領他們走到解脫苦的最終之境，這世間沒有人可以做到扛著他人走完人生之旅。但基於愛與慈悲，解脫之人會說：『你如果想要得到解脫之路，你必須自己去走。』每一個人都一樣，都必須靠自己的力量去走，當你向前走一步，你就愈接近解脫苦一步。」

有不少人長期以來求神、拜佛或問靈媒、問乩童，希望解決他們短暫的人生疑問，但人生疑問並不會因為你問多而變少——這代表你只想聽到一條明確又能省力的路，卻沒有力量為自己做決定。然而，當人生真有疑問而欲求助靈媒時，是否有一個基本判斷標準？我認為，只要不是威脅、恐嚇與脅迫的建議，都可以當成參考之一。

人活在世間，並不是為了「相信」誰，而是在面臨生活抉擇時學習如何以智慧與平靜心去面對。相信、肯定與信任自己，才是活在人世最重要的課題。當神明或通靈人以脅迫口吻強迫你相信或做某一件事時，祂（他）已經奪去你的選擇權，卻沒有為你扛起責任！你擁有人生主導權，你可以為自己做選擇。**責任與選擇本就是一體兩面的孿生子，仙佛神明沒有剝奪人類選擇的權利，當然祂們也沒有義務為任何人扛起人生的責任**，祂們很清楚選擇和責任是點綴我們人生不可或缺的兩樣東西。

連神明都沒有這樣的權利，你覺得還有誰有這種權利？

Q16、大難中逃過一劫，是不是有神明幫助？

二〇一五年六月二十七日發生八仙塵爆事件，一名問事者的女兒也在彩虹派對當中，當進行到最後一場活動時，她因為眼睛莫名劇痛，加上擔心結束後散場人群過多，萌起離開的念頭，四位同行的友人也不反對，於是她們提早離開現場走向淋浴間。才剛到淋浴間排隊沒多久，一臺又一臺的消防車、救護車便開向彩虹派對方向，四周響起幫忙救人的呼聲。不久，她看到一群群燒燙傷的男男女女跳入被彩色粉塵污染的水池當中……。這位問事者特別分享這段驚險經歷，她非常感謝瑤池金母讓女兒逃過此劫。

針對這位母親的分享，瑤池金母特別提醒：

妳女兒能逃過此大劫，主因是她在今世有一顆良善之心——一切以他人利益為優先，寧可自己委屈，也不想麻煩他人，亦不隨意遷怒他人；再者，你女兒有相當的福報——今世與累世所造之善業與善行。

良善心便是植福田，口出良言、不隨便怒言相向亦是福報。而妳歷經人生低潮後②，時時用感恩的心面對生活的一切，也是在為自己與小孩植福田。父母的善心是在為小孩植福田，小孩的良善心也是為父母與祖先積陰德。

我告訴她，感恩的心就是福德與積德——人會因感恩而不再造惡業與起不善心，而**善念就是很大的福報**，這比花錢佈施功德更大。

真正助她逃過此劫的，是她的內在提醒③。

瑤池金母解釋道，一個人時時刻刻保持靜心，不造惡並且不隨意遷怒他人，懷抱良善之心，當重大事件發生時，就算沒有有緣神明相助，他亦能幫助自己逃過大劫，這就是所謂的「自助而得神助」，狹義的「神」是指仙佛菩薩，廣義則是指元神、仙佛或大我。

其實，我大可告訴她，她女兒這條命是我神通廣大和瑤池金母慈悲被澤的願力下所救，但這非實情，也無助於她解脫苦難，只會讓人看輕自己的能力、放大神鬼的力量。再者，若事事都牽扯到神明，那麼，此次事件近五百人受難的人，難道就都沒有神助？這不是突顯神明的不平等心？

母娘這番話澄清了大部分讀者的偏頗觀念——拜神，惡業面前便有神助。祂要傳遞的訊息是，人人都應該將「心」視為自己一輩子的貴人，時時刻刻檢視自己的念頭是善或惡，觀照自己的心是否偏離了正道，一顆不沾污的心會自然吸引良善的能量與世界，當惡業、危難現前時，我們時時守護的「心」便會幫助我們避禍得福。欲得神助而度過難關，請記得以下的公式：

福報與感恩＋積極過人生＋對神的虔誠心＝神助而度過難關。

拜神，是讓我們的心回歸內在的力量，是讓我們在低潮時有個短暫靠港之處，真正能幫助我們度過危難與低潮的、真正影響我們未來好壞的，還是得看當下我們如何看顧好我們的「心」。

2 她曾是公司的高階主管，在短短一年內經歷中年被公司裁員、喪父、離婚，在瑤池金母鼓勵之下，終於相信自己擁有能力重寫人生劇本。目前，她已重新找到一份喜愛的工作，過著穩定的生活。

3 或者可稱之為大我、直覺。

【後記】

愛因斯坦曾經說：「我們一來到世間，社會就會在我們面前樹起一個巨大的問號，你要怎樣度過自己的一生？我從來不把安逸和享樂看作是生活目的本身。」你要怎麼度過一生呢？是將「靈」的問題放大到足以阻礙或圓滿你所有人生問題？是將人生希望寄託在金錢與神明身上？還是回歸自己的心，一步一腳印地在困境中肯定自我的價值呢？

我遇過一個中年創業失敗的問事者，他告訴我，在這段期間他依照網路與一些書的教導，按圖索驥去拜坊間所說的靈驗神明並施行燒金紙、赦因果等儀式，時間一天一天流逝，他的問題無法獲得解決，二、三年過後，他依然找不到合適的工作。對於他的情況，瑤池金母表示：

人生有低潮與高潮，這就是無常、就是陰陽，有智慧之人懂得在低潮時守本與收斂其心，未帶智慧之人反而在心急之下盲目做出更多讓心疲憊之事，但那是解決不了問題的。

對此，我唯一能做的就是轉達母娘的訊息，鼓勵他大約何時能找到工作以及要找哪方面的工作。我以曾經也是失業者的經驗告訴他：「你現在不應該再花錢在這求神拜佛燒金紙，你要做的是養成固定的運動習慣，運動可以讓心情平靜，運動後的能量會同時將我們帶離負面的思維，並繼續投履歷與透過人脈介紹工作。不論如何，請讓自己的心保持平靜。」或許你會問我，人在低潮期又如何平靜呢？我才要說呢，「就是因為心不可能在低潮平靜，所以才更要在無常來臨前訓練自己的心啊！」

那麼，拜拜就能解決事情嗎？對於求神拜佛，我至今的看法是——不要執著與盲目地認為求神拜佛能改變現況。拜拜、燒金紙、祭改都是在過程中找到「求生力量」，若只一味將力量與希望寄託在這些儀式，我們終將失去心的力量。

佛陀曾教導我們，必須「依心而安住、依功德而安住」，而不是「依香、金紙、祖先牌位而安住」。**神明的存在真實不虛，但祂們無法扭轉因果業力，唯一能改變的是我們的心與當下的力量。**至於鬼靈、仙佛菩薩之事，該說的我都已經毫不保留地寫在書中了。信仰是帶給我們力量的來源，但若失去了自我觀照的力量與自我價值，這種信仰比沒有信仰更可怕，正信、正知見、正念是信仰中一定要有的基本態度。最後，想分享一則網路上流傳的文章——〈五臺山百歲長老呼籲：學佛的人，不要再迷信！〉給每一位讀者當這本書的總結，也希望你在讀完這一段文章後，能對本書有更深刻的心得，更加瞭解我透過本書真正想表達的事情。

五臺山百歲長老呼籲：學佛的人，不要再迷信！

什麼是迷信呢？就是迷惑而信，對自己信仰的對象並不瞭解，盲目地信奉。比如有些自稱是信佛的人，他經常燒香磕頭、求神拜佛，甚至到寺院裡去吃齋念佛，以為這樣就能求得佛菩薩的感應，保佑自己心想事成，這種人就是迷信。

佛並不能保佑任何人，佛告訴我們一切都要靠我們自己，佛明瞭世間宇宙真相，告訴我們萬事萬物都有一定的因果關係，我們要得到什麼樣的果報，我們就必須通過自己的努力用正確的方法從因上下手，就好像農民種地必須先下種、施肥、澆水，小心看護，然後經過一段時間，我們才能得到所要的瓜果，也就是——種瓜得瓜，種豆得豆。一切都必須自己親自動手，它不會自己從天上掉下來的。這就是佛告訴我們的因果定律，如果自己不努力，靠求神拜佛去要，這就是正宗的迷信。

①現在學佛的人，說實在話，迷信的多！他到廟裡面去燒香拜佛，為什麼？為了升官發財，為了求保平安，都為這個。

②學佛的人，不懂得什麼是佛法，這就是迷信！他求神拜佛，能不能得到好處？得不到，只是自己在安慰自己而已。

③聽說這個地方的佛很靈、很有感應，他去求，真的得到了，那也是命中已經定的，在那個時候有，他得到了，與拜神求佛不相干。

④如果真的那麼靈，一百個人求，一百個人統統都得到，那就是真的；一百個人求，只有一、二個得到，其他的統統都沒有得到，那怎麼會是真的？

⑤對這個人喜歡，給他；對那個人不喜歡，不給他，哪有這種道理？中國對於神明有一個定義，正直稱之為神。正直，哪有不公平的道理！

⑥不懂得什麼叫佛法，認為常常到廟裡面去燒香、去許願、去供養，這就叫學佛？錯了！佛法是師道，你把佛菩薩當作神明去膜拜，那就是迷信。

⑦一定要曉得，佛菩薩對我們的加持就是經教！我們遵從經典上的教誨，把我們錯誤的想法、看法、說法、做法統統修正過來，這就是佛菩薩保佑，這就是佛菩薩加持。

⑧佛教裡頭沒有迷信，你真正依教奉行，你就得真實的利益。利益從哪裡來？不是佛給我們的，是我們自己修得的。離開經典，燒香拜佛，求佛菩薩保佑，沒這種事！

最猛職人 25

25
最猛職人